Clemens Thoma

Rabbi Nachman

HERDER spektrum

Band 5152

Das Buch

Die Spiritualität des „Chasidismus" prägt das osteuropäische Judentum im 18. und 19. Jahrhundert. Charismatische Persönlichkeiten und Wundertäter spielen dabei ebenso eine Rolle wie die „Kabbala" (Zahlenmystik) als geistig-geistliche Grundkraft dieser bis heute anregenden unkonventionellen Frömmigkeit. Rabbi Nachman von Brazlaw (1772–1811) wirkte im Rahmen des Chasidismus als neuer Bezeuger und Ausleger der schriftlichen und mündlichen Offenbarung an das jüdische Volk. Seine Lebensgeschichte ist reich an dramatischen Zügen: geboren in der Ukraine, verbrachte er die Kindheit inmitten einer chasidisch geprägten Welt. Frühe mystische Erfahrungen weckten in ihm das Ziel einer religiösen Existenz als „Zaddik" (Wegweiser seines Volkes), was mit der Verantwortung gegenüber seiner Frau und seinen Kindern nicht leicht in Einklang zu bringen war. 1798 brach er gegen den Willen seiner Familie zu einer gefahrvollen Reise in das heilige Land auf, das er über Istanbul erreichte. Er verbrachte einige Monate in Haifa und in Tiberias, entschloss sich aber nach dem Ausbruch einer Seuche zur Rückkehr über Rhodos. Von 1802 bis zu seinem Tod wirkte er in Brazlaw als kreativ erzählender und bisweilen recht streitbarer Ausleger der Tora. Brazlaw wurde für ihn geradezu zur „Fabrik der Jüdischkeit". Clemens Thoma zeichnet das spirituelle Porträt eines Menschen voller visionärer Kräfte, er lässt den Erzähler Nachman zu Wort kommen und skizziert die Aktualität seiner Friedensvisionen und seiner messianischen Hoffnung.

Der Autor

Prof. Dr. Clemens Thoma, geb. 1932, ist einer der führenden Repräsentanten des jüdisch-christlichen Dialogs im deutschen Sprachraum. An der Universität Luzern lehrte er Bibelwissenschaft und Judaistik und gründete 1981 das „Institut für Jüdisch-Christliche Forschung". Schriftleiter der Zeitschrift „Freiburger Rundbrief", Verfasser zahlreicher Publikationen zur Spiritualität des Judentums. Bei Herder Spektrum (mit Jakob J. Petuchowski): „Lexikon der jüdisch-christlichen Begegnung. Hintergründe, Klärungen, Perspektiven".

Clemens Thoma

Rabbi Nachman

Meister der Spiritualität

HERDER

FREIBURG · BASEL · WIEN

Gedruckt auf umweltfreundlichem,
chlorfrei gebleichtem Papier

Originalausgabe

Alle Rechte vorbehalten – Printed in Germany
© Verlag Herder Freiburg im Breisgau 2002
www.herder.de
Herstellung: fgb · freiburger graphische betriebe 2002
www.fgb.de
Umschlaggestaltung und Konzeption:
R·M·E München / Roland Eschlbeck, Liana Tuchel
Umschlagmotiv: Der Stuhl des Rabbi Nachman, auf dem er
in seinen letzten Lebensjahren (ab 1808) oft saß.
ISBN 3-451-05152-4

Inhalt

Einführung

Ein jüdisch-messianischer Wegbereiter

„Jeder Gerechte jedes Zeitalters trägt den Mose in sich, und Mose trägt den Messias in sich. ... Unsere Weisen, gesegneten Angedenkens, haben gesagt, dass der Messias um ganz Israels willen leidend sein wird. Es steht ja geschrieben: ‚Er war verwundet wegen unserer Übertretungen‘ (Jes 53,5). Jeder Zaddik jeder Generation erträgt Leiden um ganz Israels willen, um die Leiden ganz Israels zu mildern. Denn der Zaddik der jeweiligen Generation ist wie der Messias. Und im Zohar steht geschrieben: ‚Er ist verwundet von unseren Missetaten und wurde zum Leidenden an unser aller Stelle gemacht‘" (Lik I 118).

Mit diesen Worten beschreibt der Zaddik Rabbi Nachman von Brazlaw sich selbst in einem seiner Lehrvorträge (siehe die Bibliografie; im Folgenden zitiert: Lik) als eine messianische Person. Zur Bestätigung zitiert er eine jüdisch-mystische Stelle (Zohar III 280a), die auch in der messianisch-sabbatianischen Bewegung eine große Rolle gespielt hat.

Aber auch von christlich-messianischen Auffassungen war Rabbi Nachman zumindest indirekt beeinflusst (Liebes, 198). Er verstand sich als „Chiddusch", das heißt als neuen, klaren und wirkungsvollen Bezeuger, Erklärer und Ausweiter der bisherigen schriftlichen und mündlichen Offenbarung an das jüdische Volk. Und damit sah er sich in einer mysterialen Gemeinsamkeit mit den großen Offenbarungsträgern der jüdischen Vergangenheit. In einem von Rabbi Nathan von Nemirov (1780–1844) in den zwanziger Jahren des 19. Jahrhunderts verfassten biografischen Album über Rabbi Nachman lesen wir: „Ich (= Nathan von Nemirov) hörte, dass er (= Rabbi Nachman) sagte: Schimon bar Jochai war ein hochberühmter Chiddusch. Dann war es still in der Welt, bis zu Ari (= Isaak Luria), das Gedenken an ihn sei gesegnet. Von Schimon bar Jochai bis zum Ari wurden keine neuen Aktualisierungen der Offenbarung kundgetan, wie solche durch Rabbi Schimon bar Jochai kundgetan worden waren. Als dann der Ari, sein Angedenken sei gesegnet, kam, wurde (auch) er ein hochberühmter Chiddusch. Er offenbarte vollkommen Neues. Vor ihm hatte niemand solch Neues kundgetan, wie dies der Ari getan hat. Auch nach der Zeit des Ari bis zum Baal Schem Tov, gesegneten Angedenkens, war die Welt verschwiegen – ohne Chiddusch – bis zur Zeit des Kommens des Baal Schem Tov. Der Baal Schem Tov war ein wunderbarer Chiddusch. Von seiner Zeit an bis heute war die Welt wiederum verschwiegen ohne dergleichen Neuheiten. Die Welt reagierte wiederum nur aufgrund der Offenbarung, die der Baal Schem Tov, sein Andenken sei gesegnet, enthüllt hatte. Es blieb so bis jetzt – bis ich gekommen bin. Und jetzt beginne ich, neue Offenbarungen zu enthüllen, was ganz wunderbar ist" (Chay 279).

Demnach war Rabbi Nachman zutiefst davon überzeugt, dass es einen heilbringenden messianischen Verbindungsstrom von Mose – über Schimon bar Jochai (Mitte des 2. Jh. unserer Zeitrechnung), Isaak Luria (1534–1572) und Baal Schem Tov (1700–1760) – bis zu ihm hin gab. Dies motivierte ihn in seinem spirituellen Wirken ebenso wie sein fester Glaube daran, dass gerade er mitzuwirken hatte am Werk des göttlichen Schöpfers der Welt, Israels und der Menschen. Die Chasidim waren ja insgesamt davon überzeugt, Repräsentanten der mündlichen Offenbarung Gottes zu sein, die sich in ihnen klar und aktuell enthüllt. Und dies gilt gerade auch dann, wenn sie damit auf Widerspruch stoßen: „Einwände gegen die Zaddikim müssen sein, denn die Zaddikim ahmen ihren Schöpfer nach. Wie es Einwände gegen Gott gibt, so gibt es notwendigerweise auch Einwände gegen den Zaddik, denn er ahmt Gott nach" (Lik II 52).

In diesem Sinne wollte Rabbi Nachman, nachdem er sich zur geschöpflichen Vollkommenheit durchgerungen hatte, als jüdischer Lehrer den Schöpfer der Welt nachahmen. Seine *imitatio Dei* betraf sowohl die „Reparatur" der Welt-, Menschen- und Israel-

Ordnung als auch die Herbeiführung der endzeitlich-messianischen Heilsordnung. Da zahlreiche inner-jüdische Bewegungen wie Sabbatianismus, Frankismus, Aufklärung, drohender Atheismus etc. für Verwirrung im Judentum sorgten, war er äußerst besorgt und zugleich hellhörig beim messianischen Thema des endgültigen Idealzustands. Er selbst wollte als mit Gott mitwirkender Zaddik einen großen „Tikkun" (Wiederherstellung der von Gott gewollten Schöpfungs- und Erlösungsordnung) erreichen. So hoffte er, dem jüdischen Volk eine glücklich-endgültige Zukunft in Gottes Händen zu ermöglichen.

Um die Gestalt des Rabbi Nachman mitsamt seiner Herkunft und seinen Wirkungen besser verstehen zu können, ist zunächst seine an Ereignissen reiche, geradezu dramatisch-spannende Lebensgeschichte (I) in Augenschein zu nehmen: Abstammung, Geburt, Schicksale, zündende Initiativen, vorbildliche Existenz, Enttäuschungen und Tod eines außergewöhnlichen Menschen voller Visionskräfte. Die Biografie ist aber nicht unbeeinflusst von dem religiösen und sozialen Umfeld, in dem er Motivation und Ausrichtung für sein Wirken fand. Deshalb ist nach Rabbi Nachmans Lebensgeschichte der osteuropäische Chasidismus des 18./19. Jh. (II) zu skizzieren, mitsamt seinen geistig-religiösen Grundkräften, deren wichtigste die Kabbala gewesen ist. Es folgen Ausführungen über den Erzähler Nachman (III), dem es gelingt, seine Anliegen und

Botschaften vielfältig poetisch einzukleiden. Im vierten und letzten Hauptkapitel geht es dann um die messianischen und moralischen Hoffnungen des Rabbi Nachman (IV).

Die beiden wichtigsten Quellenwerke von und über Rabbi Nachman sind „Chayye MoHaRaN" (Das Leben des Rav Nachman, unseres Lehrers; zit. Chay) sowie „Liqqutte MoHaRaN" (Die Sammlungen über unseren Lehrer Rav Nachman – oder: Sammlungen der Aussagen und Vorträge unseres Lehrers …; zit. Lik I, Lik II). Beide Werke hat Rabbi Nathan von Nemirov zusammengestellt, der treue und begabte Gefolgsmann des Rabbi Nachman von Brazlaw; und das gilt auch noch für ein drittes Werk mit dem Titel „Schivche HaRaN" (Das Lob des Rabbi Nachman). Von Nathan von Nemirov wird im Zusammenhang der Biografie des Rabbi Nachman noch ausführlicher die Rede sein.

Weitere Vorbemerkung zur Schreibweise kabbalistischer und chasidischer Ausdrücke sowie russischer und polnischer Ortsnamen: Chasidisch (Chasidismus) schreiben wir in diesem Buch mit nur einem s, obwohl in der Literatur auch häufig Chassidisch/Chassidismus zu lesen ist. Osteuropäische Personen- und Ortsnamen werden ohne Akzente geschrieben. Die hebräischen Buchstaben aleph und ayyin werden bei Umschreibungen hebräischer Begriffe (Eigennamen und inhaltliche Aussagen) nur eingefügt, wenn andernfalls ein anderer Wortsinn vermutet werden könnte. Wichtigstes Anliegen dieser Darstellung ist die Verständlichkeit – auch für all jene Nicht-Fachleute, die Rabbi Nachman von Brazlaw neu als Meister der Spiritualität für heute und morgen entdecken wollen.

Einer ganzen Reihe von Wissenschaftlern, die Rabbi Nachman von Brazlaw gedeutet haben (siehe die Bibliografie), bin ich zu Dank verpflichtet. Zuallererst nenne ich meinen Freund Dr. Martin Cunz, der Nachmans Fahrt nach Israel und die dabei von ihm errungenen neuen geistig-religiösen Erkenntnisse beschrieben hat; er hat mir den Zugang zu Rabbi Nachman hauptsächlich ermöglicht, auch durch seine Übersetzungsarbeiten. Ferner darf ich auf meinen Freund und Studienkollegen Prof. Dr. Michael Brocke, Duisburg, hinweisen, der durch seine klaren Übersetzungen der Nachman-Literatur ins Deutsche ein unentbehrlicher Wegbereiter der Nachman-Forschung im deutschen Sprachraum geworden ist. Weitere anregende Autoritäten waren für mich die israelischen Autoren Nachman Burstein, Joseph Dan, Mosche Idel, Jehuda Liebes und Gerschom Scholem sowie die amerikanischen Nachman-Interpreten Arthur Green und Abraham Greenbaum. Einen besonderen Dank verdient das „Breslov Research Institute" mit seinen beiden Hauptsitzen in Jerusalem und in New York; vom Jerusalemer Institut erhielt ich gute Hinweise auf Rabbi Nachmans Werk und Wirkung. – Last but not least danke ich der Sekretärin des Luzerner Instituts für jüdisch-christliche Forschung, Frau Rosmarie Isaak, für ihr engagiertes und exaktes maschinelles Niederschreiben dieser Arbeit.

Leider gibt es weder eine Fotografie noch ein Gemälde des Rabbi Nachman von Brazlaw, der sich stets gegen Abbildungen gewehrt hat. Laut Lik I 192 sagte er einmal: „Know! The portrait of the person can be found in his writings. Thus, the face (i. e. portrait), soul and intellect of the tzaddik is found in his writings." – Anstelle eines Gemäldes ist auf dem Umschlag dieses Buches der Stuhl abgebildet, auf dem Rabbi Nachman bei Vorträgen und Gesprächen in seinen letzten Lebensjahren (ab 1808) oft gesessen ist.

I.

Die Lebensgeschichte des Rabbi Nachman

Abstammung und Kindheit

Nachman wurde am 4. April 1772, an einem Sabbat am ersten Tag des Monats Nisan, in Miedzyborz (jiddisch: Mezhibizh, Mezhibozh) in der Ukraine geboren. Miedzyborz, südwestlich von Kiew am Fluss Bug gelegen, war seit ca. 1760 ein Zentrum der osteuropäischen chasidischen Bewegung. In Kiew hatte zuvor Israel ben Elieser Baal Schem Tov (1700–1760) residiert, der Hauptinitiator des osteuropäischen Chasidismus, dessen Name wörtlich „Herr des guten/göttlichen Namens" bedeutet; auch wir nennen ihn mit der chasidischen Tradition den „Bescht".

Nachmans Mutter mit dem Namen Feiga (Fejge) war eine Enkelin des Bescht, eine Tochter von dessen Tochter Odel, die nicht wenigen chasidischen Zeitgenossen als eine „Trägerin des Geistes Gottes" galt. Auch zwei Brüder der Mutter Nachmans waren angesehene Zaddikim, am bekanntesten war der von vielen gefürchtete Rabbi Baruch von Miedzyborz (ca. 1750–1812). Die Lebensdaten von Nachmans Vater sind nicht genau bekannt. Er hieß Simcha ben Nachman, weshalb der Sohn auch Nachman ben Simcha genannt wird. Nachmans Großvater väterlicherseits war der Rabbi Nachman von Horodenka, der 1764 nach Tiberias in Galiläa übergesiedelt war, dort zu einem der prominenten Vertreter des Chasidismus wurde und um 1780 in Tiberias starb. Die väterliche Familie Nachmans führte ihre Abstammung bis auf Rabbi Löw ben Bezalel, den Maharal von Prag (1512–1609), zurück, und Rabbi Löw seinerseits hatte seinen Stammbaum bis auf den König David zurückgeführt. Nachman ben Simcha war zeit seines Lebens auch vom Nachfolger des Bescht, vom Dov Bär, dem Maggid von Mezeritsch (gest. 1772), beeinflusst, welcher Podolien zu einem Zentrum des Chasidismus gemacht hatte. Hauptinspirator Nachmans war und blieb aber der Bescht. Inmitten des Chasidismus in der mystischen Atmosphäre der Bescht-Stadt wuchs Nachman auf, und manche Diskussionen in seiner Familie kreisten um religiöse Geheimnisse und Wunderglaube, um Theorien und Praktiken der Gottesfurcht und des Glaubens durch alle Boshaftigkeiten hindurch sowie um Nachrichten über vom Glauben Abgefallene etc.

Der Chasidismus zeigt seinen Einfluss bereits während der sorglosen Kindheit Nachmans. Schon als ca. Achtjähriger gab er sich große Mühe, den unaussprechlichen Namen Gottes in seinem Inneren mit sich zu tragen, weil er Gott stets vor Augen haben wollte. Sein Streben nach seelischer Gottesgemeinschaft lenkte ihn bisweilen von seinem Lernstoff (hebräische Sprache, biblische und talmudische Geschichte und Literatur etc.) ab, was seinem Lehrer mitunter Ärger bereitete. Zeitgenössische Beobachter beschreiben den Knaben Nachman als einen ziemlich wilden und ausgelassenen Herumschlenderer und Lärmmacher. Andererseits soll er begierig danach gewesen sein, die Chasidim während ihrer Gebete und mystischen Übungen zu beobachten und nachzuahmen. Einmal sei er, als er aus einem Versteck heraus einen ekstatisch-verzückten Chasid beobachtete, in Tränen der Mitempfindung zerflossen. Als leuchtende Sabbatkerzen ihn in solchen Augenblicken innerlich durchwärmten, fühlte der Junge sich in das Reich des Lichtes entrückt. Bereits als zum Erwachsenen heranreifender Jüngling betete Nachman sehr viel. In aller Stille verfasste er für sich Gebete in Jiddisch. Er unterzog sich auch asketischen Übungen, insbesondere um seiner Sexualität Herr zu werden.

Heirat und Probejahre als Zaddik

Kurz nach seiner Bar Mizwa wurde Nachman als Fünfzehnjähriger im Jahr 1787 von seinen Eltern mit Sosja (Sosje) verheiratet, der Tochter eines Rabbi Ephraim aus dem Dorf Husjatim (Usjatim), von dem nichts Näheres bekannt ist. Die Hochzeitsfeier fand in Medvedevka statt. Als Wohnsitz der Neuvermählten wurde das Dorf Usjatim bestimmt, wo die Schwiegereltern Nachmans lebten. Dieses kleine Dorf liegt westlich des Dnjeper-Flusses im Kreis Kiew, etwa 200 Meilen östlich von Miedzyborz. Da der frischvermählte Nachman zunächst noch keinen festen Arbeitsplatz finden konnte, hatte er viel Zeit für Wanderungen durch Wälder und einsame Landschaften. Dabei durchstreifte er geistig auch seine eigene religiöse Naturbetrachtung und Weltanschauung. Er machte sich Gedanken über glaubenstreues jüdisches Leben, über künftige Wege der Betreuung jüdischer Gemeinschaften und über die heiligen Zusammenhänge seiner Existenz mit jener seiner Verwandten.

In der bereits erwähnten Lebensbeschreibung Nachmans aus der Feder des Rabbi Nathan von Nemirov findet sich eine bemerkenswerte Nachricht über Nachmans religiöse Aktivitäten zu jener Zeit, die er selbst an seinem Hochzeitstag nicht vernachlässigt hat: „Nachdem unser Meister gesegneten Angedenkens seine Braut am Tag der Hochzeit mit einem Schleier bedeckt hatte, ging er sogleich zu jungen Burschen und sprach mit jedem Einzelnen in spezieller Weise. Er prüfte sie mit seiner Weisheit, um zu sehen, wo sie stehen. Danach rief er den Rabbi Schimon ben Baer und begann auch mit ihm in Weisheit zu reden. Als ob jener, Gott behüte, die Nöte dieser Welt bejaht hätte! Aber Rabbi Schimon stand erstaunt da und gab ihm (zunächst) keine Antwort, denn er hatte an diesem Thema keinen Gefallen. Daraufhin entgegnete ihm unser Meister: ‚Bist du etwa kein Sohn Adams? Weshalb hast du kein Interesse an den Problemen dieser Welt?' Rabbi Schimon antwortete ihm: ‚Ich bin ein unbescholtener Mann und ich habe Gefallen an der

Unbescholtenheit.' Da entgegnete ihm unser Meister: ‚Es scheint, dass es zwischen uns eine große Verständigung geben wird.' In aschkenasischer Sprache fügte er hinzu: ‚Dieser hat ein Gesicht, und wir wollen uns kennen!' Danach erzählte ihm unser Meister, gesegneten Angedenkens, wie er mit jenen jungen Burschen geredet und sie ausgekundschaftet hatte. ‚Und siehe' – so sagte er –, ‚sie sind weit entfernt von Gott, der zu preisen ist. Einige wurden sogar Götzendiener, die vom barmherzigen Gott abgefallen waren.' Dann nahm unser Meister den Rabbi Schimon auf das nahe Feld, und sie redeten lange inständig und sehnsuchtsvoll miteinander über gottgefälliges Handeln. Dann sagte unser Meister viele aufmunternde Worte zu Rabbi Schimon, und zwar darüber, dass es in dieser Welt keine Vollkommenheit gibt, es sei denn, man kommt vom nur weltlichen Verlangen weg hin zum Dienst für Gott, er sei gepriesen! (Nachman fügte hinzu:) ‚Und insbesondere ich, der ich heute meinen Hochzeitstag habe, an dem mir alle meine Sünden vergeben werden, wahrlich, ich habe über viele meiner Taten nachzudenken!' Er sagte noch vieles, und sie wanderten zusammen und sprachen miteinander, bis die Hochzeitszeremonie begann! Selig, wer an seinem Hochzeitstag das Verdienst erwirbt, über die Wirklichkeit in Wahrheit nachzudenken!"
(Chay 106).

Nachman wertete seinen Hochzeitstag als ein Ereignis der Sündenvergebung, falls dieser Tag von verdienstlichen Werken begleitet wird. Deshalb vollbringt er drei die Hochzeitsfeier begleitende Werke: Zunächst bedeckt er seine Braut Sosja mit einem Schleier, damit sie von niemandem vor der Hochzeit entweiht werden konnte. Dann führt er mit jungen Leuten aus der Ortschaft Usjatim Unterredungen über deren Einstellung zur jüdischen Religion; damit erfüllte er die Pflicht, den jüdischen Glauben besonders bei jungen Leuten stets neu zu wecken. Schließlich führt er mit Rabbi Schimon ben Bär erregte Auseinandersetzungen, um selber Klarheit zu erringen über die gegenwärtige Situation des jüdischen Volkes mitsamt ihren Bedrohungen und Aussichten. Rabbi Schimon war von dieser Unterredung dermaßen innerlich bewegt, dass er an der Hochzeitsfeier teilnahm und sich später dem Nachman-Kreis anschloss. Nachman selbst war schon zur Zeit seiner Hochzeit mit Sosja davon überzeugt, dass er Lehrer, Bestärker und Vorbild seiner Generation werden müsse und dass ihm die Aufgabe oblag, irrige Glaubenshaltungen einzudämmen und zu korrigieren.

Nachmans Gesprächspartner Rabbi Schimon, von dem eben die Rede war, erzählt später, wie er „einst mit unserem Meister, nachdem dieser berühmt geworden war, durch das Dorf Usjatim wanderte. … Als sie über die Felder gingen, wurde unser Meister, gesegneten Angedenkens, von großer Sehnsucht erfüllt. Er sagte: Wie gut war es doch hier für mich! Denn mit jedem Schritt spürte ich den Geschmack des Gartens Eden. ... Ein andermal sagte Rabbi Nachman, ... dass er in den Tagen seiner Jugend, nachdem er irgendwo in den Wäldern oder auf den Feldern allein gewesen war, bei seiner Rückkehr von dort in die Überzeugung hineingeriet, dass die ganze Welt nun neu war. Die Welt, die er jetzt sah – so stellte er sich vor –, war völlig verschieden von der Welt, wie sie ihm zuvor vorgekommen war" (Chay 107).

Naturverbundenheit und Wandern blieben charakteristisch im Leben des Rabbi Nachman. Aus Beobachtungen in der Natur und aus Besuchsreisen zog er Schlussfolgerungen sowohl für seine Vorträge als auch für sein eigenes Frömmigkeitsleben. Als er einmal auf dem Weg in den Wald war, kam er an einem großen Kruzifix vorbei. Voller Schrecken bat er Gott, ein Zeichen geschehen zu lassen, damit das auf ihn anstößig wirkende Symbol weggeräumt werde. Tatsächlich stürzte das Kreuz einige Zeit später während eines Sturmes um. Dies deuteten Nachman und andere als Erhörungswunder (Dubnow II, 191).

Während er nun arbeitslos war, arbeitete Nachman intensiv an seiner persönlichen Vervollkommnung. An den Sabbaten fastete er. An gewöhnlichen Tagen unterzog er sich verschiedenen asketischen Übungen und sogar schweren Kasteiungen. Er bekämpfte seine Esslust und alle ungebändigten Gelüste seines Leibes. Auch seinen Geschlechtstrieb versuchte er unter Kontrolle zu bringen. Im Winter wälzte er seinen Körper mehrmals im Schnee, und im Sommer ließ er sich ohne Gegenwehr von Insekten stechen. All dies und noch vieles mehr tat er, um eine heilige Gottesbeziehung mitten aus seiner Seele heraus zu fördern (Green, 35–41).

Als ca. Zwanzigjähriger trennte sich Rabbi Nachman im Jahre 1790 oder 1792 mitsamt seiner Frau Sosja und seinen ersten beiden Töchtern nach einem Zerwürfnis von seinen Schwiegereltern. Der Schwiegervater, Rabbi Ephraim, hatte schon bald nach dem Tod seiner ersten Frau erneut geheiratet. Die „Neue" verlangte u. a. den bisherigen Gebetsraum Nachmans als neuen Bett-Raum für sich, und dies war offenbar Grund genug für den Wegzug der jungen Eheleute mit ihren beiden Kindern. Die junge Familie ließ sich nun im Dorf Medvedevka in der Nähe des Flusses Dnjepr nieder. In verschiedenen chasidischen Gemeinschaften verbreitete sich bereits damals das Gerücht, der Urenkel des Bescht sei auf dem besten Weg, ein Heiliger zu werden. In Nachmans neuem Wohnsitz Medvedevka wohnten bereits einige seiner Verehrer. Die dortige ziemlich kleine jüdische Gemeinde beschloss daher, ihn als Lehrer anzustellen, wofür er einen wöchentlichen Lohn von umgerechnet etwa zehn Mark erhielt.

Die glückliche Ehe Nachmans mit Sosja wurde mit sechs Töchtern und zwei Söhnen gesegnet. Es waren dies – nach Cunz, 18 f. – Odel (1787), Sara

(1790), Mirjam (1792), ein bald nach der Geburt verstorbenes Mädchen (1798), Chayyah (1801), Feige (1803), Schelomo Efraim (1805) und Jakob (1807). Nachman erschwerte die eheliche Beziehung jedoch immer wieder durch seine Abwesenheit und den Rückzug ins Gebet. Die geschlechtlichen Beziehungen zu seiner Frau waren irgendwie krampfartig, weil er seinen Geschlechtstrieb in die Beherrschung hinein zu zwingen versuchte. Sein „Korrespondent" Rabbi Nathan von Semirow überliefert Nachmans Aussage, er empfinde beim Geschlechtsakt „überhaupt keine Lust, er habe gar kein Verlangen danach. Im Gegenteil: Er empfinde dabei Qualen (yissurîn), die wirklich wie die Qualen eines Säuglings sind, wenn er beschnitten wird" (Schivche I 17). Nachman scheint besonders in seiner frühen Zeit große Mühe gehabt zu haben, sein Geschlechtsleben mit seinen Idealvorstellungen von einem Zaddik in Einklang zu bringen.

Die Fahrt nach Kamieniec in Podolien

Etwa 300 Kilometer westlich von Medvedevka liegt die Ortschaft Kamieniec-Podolski, die Rabbi Nachman im Spätherbst 1797 oder im Vorfrühling 1798 von Medvedevka aus bereist hat. Diese Fahrt wurde von ihm selbst und später auch von seinen Interpreten als eine Art Versuchsfahrt für seine spätere Reise nach Israel interpretiert. Nachman selbst war sich jedoch anfangs über das Ziel dieser ersten Fahrt ebenso im Unklaren wie über deren Sinn.

Zunächst gelangte er auf seinem Weg gen Westen an seinen Geburtsort Miedzyborz. Dort hatte, wie bereits erwähnt, schon sein Urgroßvater gewirkt, der Baal Schem Tov. Rabbi Nachman machte also Zwischenstation. Als er ins Haus seiner Eltern kam, freuten diese sich sehr. Kurz nach der Ankunft sagte aber seine Mutter zu ihm: „Mein Sohn, wann gehst du zu deinem Urgroßvater, dem Baal Schem Tov, gesegneten Angedenkens, also an sein heiliges Grab?" Der Sohn antwortete: „Wenn mein Urgroßvater mit mir zusammen gesehen werden will, soll er hierher kommen!" Am nächsten Tag versprach Nachman, das Grab des Bescht bei seiner Rückkehr zu besuchen (Chay 129). Anscheinend hat er das aber nicht getan. In der Nacht nach dem Gespräch mit seiner Mutter über den Besuch am Grab des Bescht wurde ihm in seinem Elternhaus „vom Himmel her" gesagt, wohin er jetzt zu reisen habe. Später erzählt er: „Der Baal Schem Tov war bei mir. Er tat mir kund, wohin ich fahren soll, nämlich nach Kamieniec (Kaminits)" (Chay 129).

Dieser nächtliche Auftrag des Bescht hatte für Rabbi Nachman entscheidende Konsequenzen und erforderte großen Glaubensmut, denn „damals war es keinem Juden erlaubt, in Kamieniec zu wohnen. Es war den Juden auch verboten, dort zu übernachten. Daher wohnten alle Juden außerhalb der Stadt.

Wenn ein Jude in der Stadt etwas zu tun hatte, betrat er die Stadt untertags; so konnte er dann während der ganzen Tageszeit sich darin bewegen. Aber am Abend wurden alle Juden genötigt, die Stadt zu verlassen" (Schivche II 1). Im Jahr 1746 wurden die Juden durch einen staatlichen und kirchlichen Erlass aus Kamieniec vertrieben, wo sie seit fast 100 Jahren heimisch gewesen waren. Der städtische Magistrat nahm die jüdischen Häuser in Besitz, die Synagoge wurde zerstört. Erst ab 1798, also etwa zu der Zeit, als Rabbi Nachman die Stadt besuchte, durften Juden wieder in Kamieniec wohnen (Cunz, 25 f.; 274 f.; Dubnow I, 35 ff.).

Als Kaufmann verkleidet betrat Rabbi Nachman die Stadt. Kamieniec war für ihn ein besonders erregender Ort, denn es war zuvor eine Art Hochburg der Frankisten gewesen, die getaufte Juden mit sabbatianisch-frankistisch-messianischen Überzeugungen waren. Zur Zeit des Nachman-Besuches wohnten wohl nur noch wenige der Frankisten in Kamieniec. Einige hat Nachman in ihren Häusern besucht, wobei er sich Wein und Branntwein reichen ließ. Im Gespräch und mittels der Trinkgemeinschaft sowie durch fürbittende Gebete wollte er den Verwirrten einen Tikkun erwirken. Später, im November 1804, hat Nachman den Satz geprägt: „Trinkt ein guter Jude einen Schluck Wein, kann er Sündenvergebung bewirken" (Chay 117). Sein Weg nach Kamieniec führte ihn zur Überzeugung, dass auch die Reise ins Land Israel ihm innere Kraft und seinen ihm Anvertrauten Erleuchtung und Bekehrung schenken werde.

Aufbruch zur Reise ins heilige Land

Nach einem Aufenthalt von wenigen Tagen in Kamieniec fuhr Rabbi Nachman wieder zu seiner Wirkstätte Medvedevka zurück. Dort gab er seiner Gemeinde kund, „er wolle ins Land Israel reisen, um alle 613 Gebote, die vom Land Israel abhängen und jene, die außerhalb des Landes gelten, zu erfüllen. Er wolle sie alle zusammenfassen und sie in ihrem Geiste erfüllen, damit er sie dann, wie es sich gehört, auch materiell erfüllen könne. ... Er fahre auch deshalb ins Land Israel, um mit seinem verstorbenen Großvater (Rabbi Nachman von Horodenka) zu sprechen und um mit ihm zusammen festzulegen, wie er etwas erfahren könne, was er durch dessen Vermittlung wissen müsse" (Chay 133).

Kurz nachdem Nachman von Kamieniec weggezogen war, starb ihm eine Tochter bald nach der Geburt. Nachmans Reaktion auf diesen traurigen Verlust lautete: „Ich hoffe, dass mir Gott nicht noch eine weiteres Familienmitglied sterben lassen wird wegen meiner Absicht (nach Israel zu fahren). Es gibt nämlich einen Unterschied zwischen mir, bevor ich in Kamieniec war und jetzt, da ich dort war. Der Ewige wird uns erlösen" (Chay 131).

Als Rabbi Nachman der Familie seine bevorstehende Reise ins heilige Land ankündigte, kam es zu harten Auseinandersetzungen: „Als die Frau ihren Mann fragte: ‚Und wer wird uns ernähren?', erwiderte er: ‚Du wirst zu deinem Schwiegervater ziehen, deine ältere Schwester wird in irgend einem Hause als Kinderwärterin Anstellung finden, die jüngere Schwester wird irgend jemand aus Mitleid zu sich nehmen. Deine Mutter wird Köchin werden. Ich aber werde alles, was uns gehört, zu Geld machen, um die Reisekosten zu decken!' Als seine Angehörigen dies vernahmen, … brachen sie alle in Tränen aus und weinten mehrere Tage hindurch, ohne bei ihm auch nur eine Spur von Mitleid erwecken zu können. Von dieser Reise hing ja, wie Nachman meinte, sein Lebensschicksal, ja das ganze Los des Chasidismus ab. Um die Erfüllung seines Herzenswunsches zu ermöglichen, brachten seine Gesinnungsgenossen durch eine in den benachbarten Flecken veranstaltete Kollekte das nötige Reisegeld zusammen …" (Dubnow II, 192 f.).

Nachdem er seiner Familie und seinen engsten Chasidim am 30. März 1798, dem Vorabend des Pessachfestes, in Medvedevka unweigerlich und unabdingbar seinen Willen vorgetragen hatte, ins heilige Land zu fahren, brach Rabbi Nachman am 4. Mai 1798 mit seinem Gefährten via Odessa in Richtung Istanbul auf. Begleitet wurde er von seinem Schüler und Vertrauten Schimon ben Baer. Der Entschluss zur Abreise wurde auch deshalb gefasst, weil der 30. März als Todestag des Rabbi Schimon bar Jochai, des großen Vorbildes von Rabbi Nachman, galt.

Von Medvedevka nach Istanbul

Am letzten Pessachfest vor seiner Abreise hielt Rabbi Nachman vor seinen Jüngern einen Lehrvortrag über Psalm 77,20 „Und dein Pfad ging durch große Wasser, doch deine Spuren werden nicht bekannt". Inzwischen hatten seine Anhänger und einige Geschäftsleute genügend Geld für die bevorstehende Reise per Schiff, per Pferdegefährt und per Eselsritt zusammen gebracht. Nachman und sein Gefährte waren sich im Klaren darüber, dass dieses Unternehmen keineswegs ungefährlich war, ja sogar ihr Leben kosten konnte.

Den ersten Sabbat auf seiner Reise verbrachte Nachman in der Stadt Sokoly (Skolye, Woznesensk). Während der dortigen Übernachtung sah er in einer Vision den zehn Jahre zuvor verstorbenen Rav Menachem Mendel von Witebsk. „Dieser tat ihm kund, dass der Name 'attah (Du = Gott) auf dem Meer ein geeignetes Mittel (gegen schwere Gefahren) sei. ... So steht ja geschrieben: ‚Du meisterst das Ungestüm des Meeres; wenn seine Wogen toben, glättest du sie' (Ps 89,10)" (Chay 136). Während der vielen Stürme auf hoher See schickte er immer wieder das „'attah" zum Himmel hinauf. Rabbi Nathan von Nemirov, der hochgeschätzte Berichterstatter, überliefert die folgende, von seinem Lehrmeister Rabbi Nachman stammende Auslegung dieses Stoßgebetes „'attah" mit den Konsonanten Alef, Taw und He: „Man soll fünf (= Zahlenwert von He) Zettel (jiddisch: kwittl) hernehmen. Auf jeden kwittl schreibe man die Worte ‚werav chesed' (und viel Erbarmen: Ex 34, 6). Der Zahlenwert von Alef (1000) und Taw (400) beträgt 1400. Der Zahlenwert von ‚werav chesed' ist 280. Fünfmal 280 ergibt ebenfalls 1400. ... Bei einem Sturm – den Gott verhüten möge – soll man die fünf kwittl, auf denen ‚werav chesed' steht, ins Meer werfen. Das werde gewiss nützen" (Chay 136). Rabbi Nachman war also auch ein Zahlenmystiker. Der Zahlenwert biblischer Buchstaben und Sätze galt auch ihm – nicht nur den Rabbinen und den früheren Kabbalisten – als Voraussetzung für eine verpflichtende und damit auch Gefahren abwendende Deutung.

Am Fest Schavuot, dem 19. Mai 1798, ruhte Rabbi Nachman sich in Cherson aus, in der Nähe des Schwarzen Meeres. Vor den dortigen jüdischen Gemeindemitgliedern hielt er einen Vortrag über Ps 107, 29 „Er machte aus dem Sturm ein Säuseln, sodass die Wogen des Meeres schwiegen". Es befanden sich dort auch Anhänger des Rav Schneur Zalman von Liadi (1745–1813), und Rabbi Nachman ließ sich in Streitgespräche mit ihnen ein. In der

Nacht des Wochenfestes ging er mit einem Begleiter ins Tauchbad. Dieser Begleiter erzählt später: „Unser Meister, gesegneten Angedenkens, habe ihn auf dem Weg ins Tauchbad immer wieder gefragt, ob er nicht Geräusche höre. Der Begleiter antwortete, er höre nichts. Verwundert darüber, dass jener nichts höre, sagte Rabbi Nachman: Wie ist es möglich, jetzt keine Geräusche zu hören? ... Ist es möglicherweise das Geräusch einer Musikkapelle, das ich höre? Der Begleiter antwortete ihm, er höre weder das Geräusch einer Musikkapelle noch sonst ein Geräusch. ... Schließlich verstand der Begleiter, dass Rabbi Nachman ‚das Donnern und die Blitze‘ (Ex 19,6) der Toraverleihung hörte. Nachdem dann Rabbi Nachman aus dem Tauchbad herausgestiegen war, sagte er: ‚Jetzt, zur Zeit des Toraempfanges, ist mir kund geworden, was im heiligen Zohar gesagt ist: Es gibt zwei Arten von Furcht. ... Und jetzt ist mir offenbar geworden, dass es noch eine dritte Art von Furcht gibt, die dort erwähnt ist, die göttliche Furcht. Sie ist eine überaus hohe, mächtige und erhabene Furcht und ein Zittern‘" (Chay 132).

Rabbi Nachman hatte also am Wochenfest (Pfingsten) ein mystisches Erkenntnis-Erlebnis. Er feierte das Wochenfest in mysterialer Verbindung mit dessen Ursprung, der Toraverleihung auf dem Berg Sinai. Er hörte in seinem Innern das Blitzen und Donnern anlässlich der ursprünglichen Toraverleihung. Und er erkannte dies als Ausdruck göttlicher Furcht vor dem Scheitern der Israeliten gegenüber der göttlichen Tora. Diese von kabbalistischem Geist mitgetragene Erkenntnis wurde wichtig für Nachmans Spiritualität und Verkündigung: Die Geschehnisse in der Natur, in der Geschichte und in den Herzen der Menschen, besonders der Israeliten, verstand Nachman als Ausdruck von Gottes „Mit-Ringen" um Vollkommenheit und Vollendung der Schöpfung. Dieses Mit-Ringen Gottes enthält gemäß dem Chiddusch Rabbi Nachmans auch ein göttliches Zittern, nämlich vor Angst darüber, dass vieles zur Vollkommenheit Bestimmte verloren gehen könnte.

Nach dem Wochenfest fuhr Nachman mit seinem Gefährten von Cherson per Schiff nach Odessa am Nordufer des Schwarzen Meeres. Von dort aus brachte ihn ein Schiff nach Istanbul (Konstantinopel). Auch diese Fahrt war stürmisch und aufregend. Als Nachman inmitten des Sturmes mit Furcht und Zittern auf seiner Pritsche lag, hatte er wiederum ein visionäres Erlebnis. Ein vor kurzem verstorbener Mann aus Walchowicz tauchte vor ihm auf. Nachman wurde innerlich aufgewühlt. Besonders seit diesem Hilferufer aus dem Jenseits nahm er sich vor, „den Tikkun für Tausende und Zehntausende von Seelen Verstorbener zu machen" (Chay 137). Je näher Nachman dem Land Israel kam, desto deutlicher wurde die Fahrt dorthin für ihn zu einem Bündel mystischer Erlebnisse und Einsichten sowie von erlösenden Tätigkeiten.

Aufenthalt in Istanbul

Rabbi Nachman und Rabbi Schimon erreichten die Stadt Istanbul Ende Mai 1798. Dort mussten sie etwa drei Monate auf die Weiterfahrt per Schiff ins heilige Land warten. Istanbul war für Nachmans Tätigkeit als Bereiter und Bewirker des messianisch-endzeitlichen Tikkuns von großer Wichtigkeit. In dieser Stadt war Schabbetai Zwi (1616–1676) vom Judentum zum Islam abgefallen und hatte dadurch seine messianische Botschaft verraten und Scharen von Juden in die Verwirrung getrieben. Ferner hatte Nachmans Großvater, der Bescht, seinerzeit hier seine geplante Reise ins heilige Land abgebrochen. Für Rabbi Nachman galt es nun, die Fahrt nicht abermals vorzeitig abzubrechen, sondern die Reise des Bescht über Istanbul hinaus zu vollenden, um so die sabbatanisch-messianischen Ansätze in Lauterkeit zu verbessern und weiterzuführen.

In Istanbul weigerte Rabbi Nachman sich bis fast zuletzt, seine Identität den dort ansässigen und vorüberziehenden Juden und Behörden preiszugeben. Er wollte in dieser Stadt die Gefahr neuer messianischer Provokationen und Missdeutungen unbedingt schon im Ansatz vermeiden. Um diese Geheimhaltung durchzustehen, praktizierte er ein „kindlich/kindisches Benehmen". Wenn ihn jüdische Vertreter nach seinem Namen fragten, gab er immer wieder andere Antworten. Damit wollte er die mysteriale Tugend der Kleinheit (qatenut) üben, um so die Größe des Tikkuns und die Erlösung vorzubereiten. Rabbi Nathan von Nemirov schildert dies: „Bevor er ins Land Israel kam, trafen ihn schwere Heimsuchungen. … In Istanbul begab sich Rabbi Nachman selbst in eine äußerste Kleinheit. Zwei (aus Israel kommende) Männer beschimpften und kränkten ihn auf vielerlei Art mehrere Tage lang. Er aber nahm alle Kränkungen auf sich, ja er nahm sogar Tricks an, damit sie ihn verächtlich beschimpften. Unser Meister, gesegneten Angedenkens, sagte, wenn dies nicht über ihn gekommen wäre – nämlich dass er die erwähnte Kleinheit und die erwähnten Kränkungen nicht auf sich genommen hätte – wäre er unmöglich ins Land Israel hinein gelangt. Die Hindernisse hätten ihm das Land Israel versperrt. Denn damals gab es an jedem Ort, an den er kam, irgendeine Seuche. Außerdem gab es damals große Kriege. Die Franzosen waren in der Nähe des Landes Israel" (Chay 139).

Im Anschluss an diese Schilderung von der hohen Tugend der Kleinheit des Rabbi Nachman fügt Rabbi Nathan von Nemirov noch hinzu, er habe auch gehört, dass Rabbi Nachman gesagt habe: „Bevor wir zur Größe (gadlut) kommen, müssen wir zuerst in die Kleinheit (qatenut) fallen. Das Land Israel ist die Größe der Größe. Deshalb ist es notwendig, anfangs in die Kleinheit der Kleinheit zu fallen. Der Bescht, sein Andenken sei gesegnet, habe deshalb nicht ins Land Israel gelangen können, weil er nicht in eine solche Kleinheit habe hinabsteigen können. Rabbi Nachman aber habe es durch die große Kleinheit, in die er in seiner gewaltigen Weisheit hinabgestiegen sei – äußerste Kleinheit, kleinste Kleinheit – verdient, ins Land Israel zu gelangen, das die Größe der Größe ist. … Denn unser Meister, gesegneten Angedenkens, war ein außerordentlich großer Chiddusch. Einen solchen Menschen der Erneuerung gab es nicht in früheren Zeiten." Auf diese Überlegung folgt eine kurze Reflexion, weshalb Rabbi Nachman in der Welt nicht deutlicher anerkannt wurde: „Wegen unserer vielen Sünden, und weil das Zeitalter es nicht wert gewesen ist, blieb das Licht gar sehr verborgen, und es wurde weniger von ihm öffentlich gemacht als ein Meerestropfen" (Chay 140).

Von Istanbul nach Haifa

Nach einiger Zeit kamen wilde Gerüchte über die wahre Identität Rabbi Nachmans auf. Angeblich fanden er und Nathan wegen seiner Geheimnistuerei keinen Platz auf einem Schiff in Richtung des heiliges Landes. Der Hauptgrund für die Verzögerungen der Weiterfahrt war aber in Wirklichkeit die Flotte Napoleons I., die das östliche Mittelmeer zu einer akuten Gefahrenzone gemacht hatte. Wegen dieser napoleonischer Gefahren drohte die jüdische

Gemeinschaft von Istanbul sogar allen ankommenden jüdischen Pilgern, die ins heilige Land weiterreisen wollten, einen Bann an. Dies wird in Schivche II 14 ausführlich geschildert. Anschließend heißt es: „Unser Meister, gesegneten Angedenkens, ließ sich davon aber nicht abhalten. Er wollte sich vielmehr selbst der Gefahr aussetzen. Zu seinem Gefährten, Rabbi Schimon, sagte er: ‚Wisse, dass ich mich selbst in Gefahr bringen will, sogar in große und mächtige Gefahren. Dein Leben will ich aber nicht aufs Spiel setzen. Falls du willst, nimm dir Geld für die Reisekosten und kehre wohlbehalten nach Hause zurück. Ich werde allein fahren, verborgen und gegenüber den Männern von Istanbul geheim. Ich setze mich selbst der Gefahr aus, komme, was da wolle!‘ Rabbi Schimon weigerte sich aber, nach Hause zu fahren und sagte: ‚An dem Ort, an dem mein Herr sein wird – es gehe zum Tod oder zum Leben –, dort wird auch dein Knecht sein. Und wo du hingehst, gehe auch ich hin‘ (vgl. 2 Sam 15,12). Inzwischen wurde ein Weg für die Weiterfahrt geebnet. Ein großer Gelehrter aus Jerusalem, der für die Armen dieser heiligen Stadt Geld gesammelt hatte, fühlte sich in Istanbul dem Tode nahe. Sein Begräbnisplatz in Jerusalem war bereits bestimmt. Er heuerte ein großes Schiff für seine letzte Heimreise an. Rabbi Nachman und sein Begleiter konnten mitfahren."

Auch diese Fahrt übers Meer war von Stürmen gepeitscht. Mehrere Mitreisende schrien und beschworen in ihrer Verzweiflung den Himmel um Rettung. Rabbi Nachman beruhigte sie alle. Der Sturm sei da, weil Gott sie auf die Probe stelle (Schivche II 143). Auch die Gefahr des Verdurstens bestand, weil das Wasser auf dem Schiff schlecht geworden war (Schivche II 15). Schließlich aber legte das Schiff – nach einem missglückten Versuch in Jaffa – am Montag, den 10. September 1798, am Vorabend von Rosch Haschana, in Haifa an.

In Haifa

Als Rabbi Nachman den Boden Haifas betrat, lebten dort nur wenige aus Nordafrika eingewanderte Juden. Ihnen zeigte er sich sogleich in aller Form als „Rebbe". Er nahm Bitten um Gebete an und sorgte am Vortag von Rosch Haschana für ein Mahl. Während der hohen Herbstfeiertage des Monats Tischri, also im September/Oktober, blieb er in Haifa.

Kurz bevor er das heilige Land betreten hatte, „wurde aus seinem heiligen Munde vernommen, dass er sprach, sobald er vier Ellen im Lande Israel gegangen sein werde, werde er es verdienen, alles zu begreifen, was er gesucht und gewünscht habe, um dessentwillen er ins Land Israel gefahren sei. Und auch ich selbst (Nathan von Semirow) habe aus seinem heiligen Mund ähnliches über die große Freude und das innere Behagen gehört, das er hatte, als er im Land Israel eintraf. Sein Wille und sein Begehren wurden erfüllt" (Chay 134). Kurz nach seiner Ankunft, noch am Vortag des jüdischen Neujahrsfestes, durchwanderte Rabbi Nachman in großer Freude mehr als vier Ellen an diesem Ort der heiligen Erde und der Gegenwart Gottes am Fuße des Berges Karmel.

Am Neujahrstag selbst aber befiel ihn nach dem Gottesdienst in der Synagoge eine überaus starke und anhaltende Depression: „Als sie am Morgen des Neujahrsfestes aus der Synagoge kamen, erregte sich in seinem Innern eine Sorge und eine überaus starke und anhaltende Niedergeschlagenheit des Herzens (lev nischbar meod). Er redete zunächst mit niemandem darüber. ... Aber nach dem Neujahrsfest war es der Wille unseres Meisters, sogleich nach Hause zurückzukehren. Er wollte nirgendwohin fahren, weder nach Zefat noch nach Tiberias" (Schivche II 15 f.).

Mit vielen Argumenten versuchte Rabbi Schimon seinem Meister die Reise nach Tiberias schmackhaft zu machen. In der Tat wirkt die in Chay 134 und in Schivche II 15 überlieferte Überzeugung Nachmans seltsam, wonach es bereits genügte, vier Ellen im Land Israel zu wandern, weil dann alles erreicht sei, was er sich vorgenommen hatte und er sogleich wieder heimkehren könne. War sein ursprüngliches Reiseziel denn nicht eine Pilgerfahrt ins Land Israel samt Kontaktnahmen mit seinen verstorbenen chasidischen Vorfahren und mit den lokalen chasidischen Gemeinden gewesen? Oder ging es einzig nur um das Betreten des Bodens des heiligen Landes? Rabbi Nachman selbst wurde am Neujahrstag 1798 innerlich zwischen diesen beiden Reisezielen hin- und hergerissen.

In diesem depressiven Zustand seines Zauderns vor der Fortsetzung der Reise im heiligen Land hatte Rabbi Nachman in Haifa mehrere seltsame Begegnungen mit einem jungen Araber, der nach einigen Dialogen brüllend auf ihn einredete, zwischenzeitlich aber auch wieder freundschaftliche Töne anschlug. Das verwirrte Nachman, so dass er sich schließlich vor dem seltsamen Gesprächspartner versteckte. Ja, er vermutete in ihm einen Repräsentanten des Teufels Sammael, dem er mit Gottes Hilfe entkommen ist. Die Interpreten sind bis heute über diese „mysteriöse Begegnung" (Schivche II 17) im Unklaren. Wollte der Araber in Rabbi Nachman homosexuelle Vorstellungen wecken? Oder sah Nachman in ihm eine Art „Lockvogel" für eine Konversion zum Islam, mit der die frühere Konversion Schabbetai Zwis fortgesetzt worden wäre? Die Depression Nachmans hörte erst auf, als er – unter dem Eindruck verschiedener Einladungen und Aufmunterungen – Haifa in Richtung Tiberias verlassen hatte.

Gräber-Besuche in Tiberias

Am 10. Oktober 1798, nach dem Laubhüttenfest, trafen Nachman und sein Gefährte Schimon auf Eseln reitend in Tiberias ein. Ihr dortiger Aufenthalt dauerte bis März 1799, also etwa sechs Monate. Zwei wichtige Ereignisse trugen sich in der „heiligen Stadt Tiberias" zu, nämlich die Begegnung Rabbi Nachmans mit Rabbi Abraham Hakkohen von Kalisk (1741–1810) und seine Wallfahrt zu den Gräbern der Zaddikim. Zuerst wohnte er im Haus eines Verwandten, eines Enkels des „heiligen Rav von Horodenka". Den chasidischen Tiberianern erschien dieses Quartier aber als zu eng. Deshalb logierte Nachman dann im Haus des Rabbi Zwi Harker (1760–1828; vgl. Schivche 18).

Am Tag nach dem Wechsel seiner Unterkunft hatte Rabbi Nachman eine Begegnung mit Rabbi Abraham Hakkohen von Kalisk. Beide Männer hatten größten Respekt voreinander. Sie besprachen die Zukunft des Chasidismus und machten sich Gedanken darüber, wie Anleitungen zur Erziehung eines Zaddiks auszusehen hätten. Ein weiteres Thema war ein damals heftig ausgebrochener Streit um Spendengelder aus Weißrussland für die Chasidim im Land Israel. Schneur Zalman von Liadi (1745–1813) hatte den Geldfluss aus Weißrussland nach Tiberias gestoppt. Abraham Hakkohen von Kalisk bat den Nachman um Vermittlung. Leider hatte sich dieses Problem noch zusätzlich durch das

Auftreten eines wilden Denunzianten verschärft, der Unruhen in Tiberias anzettelte. Einige Tage später konnte Rabbi Nachman jedoch den Denunzianten, der inzwischen mehrere Juden zur Flucht aus Tiberias gedrängt hatte, beruhigen, so dass die Geflohenen wieder in die Stadt zurückkehrten. Der jüdische Denunziant aber hörte nicht auf, schwere Schäden in der jüdischen Bevölkerung anzurichten. Er wurde daher später, nach einer Rückfrage bei Rabbi Nachman, getötet, als er krank im Bette lag. (Schivche II 193).

Am Schabbat, dem 13. Oktober 1798, kam es vor der Abendmahlzeit zu einem rührenden Streit zwischen Rabbi Nachman und Rabbi Abraham. Ersterer wollte sich von Rabbi Abraham segnen lassen. Dieser aber meinte, es sei geziemend, wenn der Nachkomme des Baal Schem Tov ihn segne. Rabbi Nachman gab nach. Nach dieser Begegnung Nachmans mit Abraham von Kalisk sagte Rabbi Nachman zu Nathan von Semirow: „Habe ich nicht schon viele Zaddikim gesehen? Aber Vollkommenheit (schelemut) habe ich nur bei diesem Zaddik gesehen" (Schivche II 18).

Rabbi Nachman besuchte in Tiberias nicht nur das Grab seines Großvaters, des Rabbi Nachman von Horodenka. Bei weiteren Gräberbesuchen in Tiberias und im übrigen Galiläa begleiteten ihn junge Chasidim aus Tiberias. Die Wege zu den Gräbern wurden teilweise auf Eseln reitend zurückgelegt. Den Höhepunkt bildete der Besuch am Grab des Schimon bar Jochai (2. Jh. u. Z.) in Meron. Seit der Zeit des Isaak ben Salomon Luria (1534–1572), genannt Ha-Ari, beteten Kabbalisten und Chasidim am Grab dieses Urgründers der Kabbala, wobei jeweils auch Auszüge aus dem Zohar studiert und spirituell bedacht wurden. Der Zohar galt nämlich als Schrift des Schimon bar Jochai. Rabbi Nachman, dieser begeisterte „Zoharist", war glückselig, als er mit jungen Chasidim vor dem Grab des Schimon bar Jochai stand, betete und den Zohar gemeinschaftlich auszulegen versuchte. Er freute sich außerordentlich und sagte zu seinem Gefährten Rabbi Schimon immer wieder: „‚Glückselig bist du!' Und in der folgenden Nacht ging er von Raum zu Raum und ermahnte die jungen Chasidim, den Zohar und ähnliche Schriften zu rezitieren. ... Er ging herum, sang vor sich hin und war im Zustand großen Glücks bis zum Morgengrauen. Am folgenden Tag betete er mehrere Stunden lang, eingehüllt in Tallit und Tefillin. Dann fuhr Nachman mit der Gruppe zur Grabhöhle Hillels. Dort betete er die Psalmen 33 und 34. Und auch dort war er in großer Freude. Am Grabe Schammais aber befiel ihn große Traurigkeit. Er sagte, seine Traurigkeit an diesem Ort sei erstaunlich. ... Aber er verriet den Grund für die Traurigkeit nicht" (Schivche II 19).

Rückreise

Ende Februar / Anfang März 1799 verließ Rabbi Nachman Tiberias fluchtartig, weil in dieser „heiligen Stadt" eine Seuche ausgebrochen war. Beinahe wäre er bei dieser Flucht über die Stadtmauer in den See Genesareth gestürzt. Er schrie in größter Gefahr zum barmherzigen Gott und konnte sich retten (Schivche II 19; Sich 117). Dann besuchte er noch Zefat, die Stadt der Kabbalisten. Dort erfuhr er, dass die Franzosen bereits vor Akko standen (Schivche II 19). Nachman schickte sogleich einen Boten nach Akko, um ein neutrales Schiff anzuheuern. Nach einem Nachtmarsch erreichte er Akko schließlich am 15./16. März 1799.

In Akko gerieten Nachman und Schimon in die Kämpfe der Franzosen gegen Engländer und Türken. Als die Lage immer verworrener wurde und eine große Panik ausbrach, verloren die beiden sich für einige Zeit aus den Augen. Nachdem sie sich wieder gefunden hatten, gerieten sie auf ein türkisches Kriegsschiff. Rabbi Schimon erhielt vom Kommandanten ein Gewehr, weil dieser ihn für einen Kriegsfreiwilligen hielt. Dieses Schiff legte am 18. März 1799 nach harten kriegerischen Auseinandersetzungen in Richtung Westen ab. Nachman und sein Begleiter waren nun unerwünschte Passagiere auf einem fliehenden Schlachtschiff. Etwas zu essen oder zu trinken war dort nicht zu erwarten. Sie baten deshalb darum, wieder an Land gehen zu dürfen, um an einem heiligen Ort des Landes Israel zu sterben. Dieser Wunsch wurde ihnen aber abgeschlagen, so dass sie bleiben mussten. Die Not der beiden auf dem Schiff war groß. Sie hörten das Donnern der Kanonen im heiligen Land. „Und beide fielen miteinander auf die Pritsche. Sie hatten nicht einmal Wasser zu trinken. … Aber Gott gab ihnen in seiner Barmherzigkeit ‚Gunst in den Augen‘ (Gen 39,21) eines Türken, der Koch beim Kapitän war. Er entwendete für sie mehrmals eine Tasse schwarzen Kaffee, für jeden eine Tasse am Morgen und eine am Abend. … Wegen ihrer Schwäche lagen sie krank da und wussten selbst nicht, wo sie waren. … Aber sie hörten, dass das Schiff von einem Sturm gepeitscht und getrieben wurde. Sie erkannten nicht, wohin der Sturm das Schiff trieb" (Schivche II 21). Das Schiff war inzwischen Leck geschlagen und trieb schlingernd auf hoher See. Würde es untergehen? Die Angst davor wuchs bei der Besatzung und den Mitfahrern, bis es schließlich doch noch gelang, das Loch mit einem Ziegenfell zu stopfen.

Einen Tag vor dem Pessachfest 1799 legten sie auf der Insel Rhodos an. Zuvor, mitten in Sturm- und Todesgefahren, hatte Nachman die Erfahrung machen müssen, vor lauter Kleinmut und Angst nicht einmal mehr beten zu können. Zu seinem Begleiter sagte er: „Jetzt bin ich wegen des Kleinmuts (mochin de-qatnut) weit weg von Gott. … Gott weiß, dass ich in meinem Leben noch nie vom Verdienst der Väter Gebrauch gemacht habe. Aber wegen der absoluten Notwendigkeit muss ich Gott bitten, dies zu tun um des Verdienstes meines Ur-großvaters willen, des Rabbi Israel Baal Schem Tov, gesegneten Angedenkens, und um des Verdienstes meiner Großmutter Odel willen und um des Ver-dienstes meines Großvaters, Rabbi Nachman von Horodenka willen" (Schivche II 21).

Auf der Insel Rhodos wurden Nachman und Schimon erst nach mühevollen Verhandlungen und nach Zahlung von Lösegeldern durch die dortige jü-dische Gemeinde schließlich – nach dem Pessach-fest – von den türkischen Schiffern freigelassen und von den Juden der Insel mit großen Ehren empfan-gen. Kurz danach ging die Fahrt auf dem Meere wei-ter in Richtung Istanbul und dann zum Nordufer des Schwarzen Meeres in die Nähe der einfließen-den Donau. Von dort ließen sie sich donau-auf-wärts schiffen und gelangten zur Flussinsel-Stadt Galati im ottomanischen Reich. „Dort sperrte man sie ins Gefängnis, und sie waren genötigt, pro Per-son vier Dukaten zu zahlen. Sie konnten aber dort am 7. Juni 1799 das Wochenfest feiern" (Schiv-che II 25).

Nun war die Heimat bereits nahe. Rabbi Nach-man wollte Medvedevka aber möglichst unerkannt erreichen. Er und sein Begleiter schlüpften daher kurz nach Galati in Kaufmannskleider, wie sie von Deutschland her damals gebräuchlich waren. So konnten sie in den verschiedenen Dörfern und Städten als Vertreter der Aufklärung missdeutet und gemieden werden. In Uman, dem späteren Sterbeort Nachmans, gab es ein Haus der Unzucht. Versehentlich hielt der Kutscher in dessen Nähe an, was von Beobachtenden als Versuch des Betretens des bösen Hauses missverstanden werden konnte. Feinfühlig richtete Rabbi Nachman ein fürbittendes Gebet gegen die Unzucht zum Himmel empor. Danach sagte er: „Mit Gottes Hilfe werde sich das, was dort geschah, zum Guten wenden. Von nun an werde man in diesem Haus keine Unzucht mehr antreffen" (Chay 145). Erst kurz vor Medvedevka, in Kaniblad, wurde Rabbi Nachman erkannt. Der Maggid von Terowitse (Targowice), Rabbi Yekutiel, rannte dem Wagen nach, in dem Rabbi Nachman saß. Dies habe gezeigt – so der Herausgeber der Lebensgeschichte Rabbi Nachmans in Chay 149 –, mit welchem Eifer, welcher Begeisterung und welcher Leidenschaft den wahren und großen Zaddikim nachgerannt werde.

In Spola kehrte er bei Arye Löb ein, dem ältesten noch lebenden Zaddik der ersten Generation des Chasidismus. Dieser empfing ihn äußerst höflich und großzügig. Er veranstaltete ein Fest und eine große Mahlzeit zu Nachmans Ehren, „und die beiden saßen die ganze Nacht zusammen am Tisch". Viele Gäste kamen und schauten zu. Arye Löb beteuerte vor allen Gästen seine große Zuneigung zu Rabbi Nachman. Auch am folgenden Morgen redeten beide in großer Vertraulichkeit miteinander, bis

Rabbi Nachman weiter zog. Niemand hätte damals ahnen können, dass ein gutes Jahr später ein schwerwiegender Konflikt zwischen diesen beiden führenden Vertretern des Chasidismus ausbrechen würde.

Ungefähr am 12. Juli 1799 kam Rabbi Nachman zu Hause in Medvedevka an. Nach seiner Rückkehr arrangierte er die Verlobung seiner Tochter mit dem Sohn eines hochangesehenen Rav (Chay 113). Unmittelbar danach fuhr er nach Weißrussland zu Rabbi Schneur Zalman, dem Rav von Liadi (1743–1814). Entsprechend dem in Israel von Rabbi Abraham von Kalisk erhaltenen Auftrag redete er mit diesem über die gefährdeten Spendengelder für das Land Israel. Er sprach dort auch über die Inhalte der „CHaBaD-Bewegung", wobei er um Erklärungen nachsuchte. Schließlich hörte er auch einen Vortrag von Schneur Zalman an und zeigte sich begeistert darüber (Chay 113). Ungewiss bleibt jedoch, wie weit er den Streit zwischen weißrussischen Juden und den Juden im heiligen Land beilegen konnte.

Streit in Zlotopolje

Anfang September 1800 zog Rabbi Nachman mit seiner Familie nach dem südwestlich von Medvedevka gelegenen Zlotopolje (Slatopol) im Gouvernement Kiew um. Hier begann sein wilder Streit mit dem früher mit ihm befreundeten, dort heimisch gewordenen Rabbi Arye Löb von Spola (1725–1812). Der populäre Arye Löb wurde „der Spolaer Großvater", „der Alte von Spola" oder „der Spolaer Zeide" genannt. Als er hörte, dass der Urenkel des Bescht sich konkurrierend in seinem Gebiet niedergelassen hatte, empfand er dies als „eine Art Grenzverletzung" (Dubnow II, 198). Sein Oppositionswille wurde noch stärker, als er von Reformen im Gebetsleben hörte, die Nachman durchsetzen wollte.

Besonders in Chay 122 f. und 146 wird vom intensiven Streit zwischen dem „Spolaer Zeide" und Rabbi Nachman berichtet. Laut Chay 146 „gingen Gerüchtemacher und Verleumder umher und verleumdeten Rabbi Nachman bei Arye Löb in großem Ausmaß. So wurde dieser zu seinem großen Feind. … Als unser Meister, gesegneten Angedenkens, die erlogenen Dinge hörte, die ihm selbst nicht in den Sinn gekommen wären, sagte er: Es befremdet mich sehr, dass man Arye Löb dies zugetragen hat!" Nachman kam dann exemplarisch auf Saul und David zu sprechen, die zeitweilig voller Hass gegeneinander gewesen waren, und deren Feindschaft im Talmud feinfühlig analysiert wird (bMQ 16b). David habe schließlich gesagt: „Herr der Welt, gib mir Augen, damit ich an meinem Hasser sehen kann, wie er steht, auf welcher Stufe er gegenwärtig steht. So werde ich seine Stufe klar erkennen!" Rabbi Nachman versuchte also, die ausgebrochene Feindschaft abzukühlen und zum Verschwinden zu bringen.

Bereits gegen Ende seiner Israelfahrt war Rabbi Nachman sich im Klaren darüber, dass es aufgrund seiner in Israel gewonnenen Klarheiten zum Streit mit den Chasidim zu Hause kommen wird. Kurz nach seiner Rückkehr sagte er weinend zu Rabbi Schimon, seinem Reisebegleiter: „Ich habe euch ein Geschenk aus dem Land Israel mitgebracht, und das Geschenk ist Streit" (vgl. Cunz, 361).

Streit zwischen den Chasidim war für Rabbi Nachman aber mehr als ein wüster gegenseitiger Beleidigungskampf. Aufgrund der lurianischen Kabbala deutete er sein Streiten – nicht nur mit Arye Löb, sondern mit fast allen Zaddikim seiner Zeit und seiner Umgebung – als irdische Mitverwirklichung des Rückzugs Gottes, um der Welt und den Menschen Raum und Entfaltung zu geben. Streit wird damit zu einem schöpferischen, kreativen Element. Gott und die Menschen werden dadurch in Bewegung gesetzt, und so wird die wieder in Gott einmündende Vollkommenheit aufgebaut (vgl. Cunz, 47 f.). Welches aber waren die Ursachen und Motive dieses Streites? Rabbi Nachman war nach seiner Israelfahrt von großem Reformwillen erfüllt. Sein Ziel war es, dem inzwischen starr gewordenen Chasidismus neue Lichtpunkte und Entfaltungsmöglichkeiten zu geben. So attackierte er am Versöhnungstag den synagogalen Vorbeter und Vorsänger mit dem Vorwurf, dieser wolle durch sein schönes Singen mehr seiner Frau gefallen als Gott. Der Kantor beklagte sich daraufhin beim „Zeide", und dieser kam nach Zlotopolje und beklagte sich bei Rabbi Nachman wegen mehrerer Punkte: Er habe die territorialen Rechte durch sein Eindringen in den Bereich des Arye Löb verletzt. Seine Änderungen im Gottesdienst entsprächen nicht der rabbinisch-chasidischen Tradition.

Ein besonderer Streitpunkt zwischen den beiden war die Einführung einer Art Beichte in Zlotopolje. Die jungen Chasidim sollten schwere Sünden vor dem sie betreuenden Zaddik bekennen und so – im Zusammenhang mit dem Versöhnungstag – Verzeihung erhalten. Von den Gegnern – nicht nur von Arye Löb – wurden die Anhänger des Rabbi Nachman daher „widduiniks" (etwa: die Sündenbekenner) genannt. Dem Nachman und seinen Anhängern wurde auch vorgeworfen, die katholische Beichtpraxis nachzuahmen. Arthur Green meint, es habe sich bei diesen Auseinandersetzungen hauptsächlich um den üblichen Streit um die Führerschaft zwischen einem alten Erfahrenen und einem jungen Unerfahrenen gehandelt. Es komme immer wieder vor, dass junge religiöse Führer gegen alte eine Art Revolution machen (Green, 104). Dies kann aber nicht die ganze Wahrheit sein. Green selbst macht auf mehreren Seiten seines Werkes auf weitere mögliche und erwiesene Vorwürfe gegen Nachman aufmerksam: Er wolle Schabbetai Zwi und Jakob Frank, diese beiden gescheiterten Messianisten korrigieren und weiterführen, er verabsolutiere seine Israelreise, er mystifiziere religiöse Pflichten allzu schnell etc., er wolle den inzwischen konservativ-bewahrend gewordenen Chasidismus seinen persönlichen Intentionen dienstbar machen und damit auch umwerfen.

In Brazlaw ab Herbst 1802

Des Streitens müde zog Rabbi Nachman durch Vermittlung seines Onkels Baruch im Herbst 1802 nach Brazlaw am Fluss Bug um. Brazlaw wurde für ihn die „Fabrik der Jüdischkeit" (fabrik fun yidischkayt) und gleichsam zu einem Stück des Landes Israel, in das er in nächster Zukunft nicht mehr allein, sondern mit seinem ganzen Volk zurückzukehren hoffte" (Cunz, 96; Green 110ff.). Der Streit mit seinen Konkurrenten um die jeweils richtigen religiösen Deutungen setzte sich aber auch in Brazlaw fort und erschien den Jüngern Rabbi Nachmans beispielhaft für eine stets durchzuführende Streitkultur zur Reinerhaltung des Chasidismus und teilweise auch des damit verbundenen Messianismus.

Nachdem Rabbi Nachman die mit seiner Israelfahrt verbundenen Pflichten erledigt hatte, machte er sich mit ungeheurer Energie daran, Vorträge vor seinen sich immer zahlreicher einfindenden Schülern und Kollegen zu halten. Es ging ihm dabei besonders darum, den Inhalt der Tora zu entfalten und ihn mit seinen Reiseerfahrungen und Schicksalen in Beziehung zu setzen. Der Weg nach Israel, sein dortiger Aufenthalt und der Rückweg ermöglichten es ihm, aufgestaute Erlebnisse für die eindrückliche Verkündigung der Tora in Dienst zu nehmen. Die Fahrt nach Israel hatte ihm höhere Weisheit gegeben. In Brazlaw entfaltete er vor Schülern und Verehrern/Verehrerinnen eine geradezu spritzige, geistig-religiös hochstehende Mentalität und Ausdruckskraft.

Besonders in den Jahren 1804 bis 1806 legte er vor seinen Schülern und Freunden seine Messiasvorstellungen dar. Seine Reise sei eine Vorspur für einen messianischen Auszug des toratreuen Volkes Gottes nach Israel gewesen. Um zur messianischen Realisierung zu kommen, führte Rabbi Nachman verschiedene Bußrituale in Brazlaw neu ein. Ein Beispiel war die kabbalistisch bereits gebräuchliche Mitternachtsklage (tikkun chazzot) im Sinne der Trauer um das Exil der Schekhina, wobei gleichzeitig an deren Restitution in die Einheit der göttlichen Emanationen (den Sefirot) hinein mitgewirkt werden sollte.

Ab ca. 1804 sprach Rabbi Nachman immer häufiger vom „Tikkkun Hakelali", der universalen Korrektur und Wiederherstellung Israels, der Menschheit und der Schöpfung. Ferner wurde ihm die Arbeit an der Herausgabe seiner Lehrvorträge und seiner von ihm erfahrenen und erfundenen Gleichnisgeschichten immer wichtiger. Auch darin sah er einen Beginn der endzeitlichen Erlösung.

Im Frühjahr 1805 wurde ihm Schelomo Efraim geboren, sein erster Sohn. Nachman hoffte, dass dieser der messianische Vollender seines Werkes sein werde. Aber Schelomo Efraim verstarb bereits im August 1806. Nachman sprach kurz danach vom verhinderten Eintreffen des Messias: Im Sammelwerk Yeme MoharaNa"t (Die Tage unseres Lehrers Rabbi Nathan, Yem I, 11) heißt es: „Wir hörten von ihm (Nachman) den ganzen Ablauf des Kommens des gerechten Erlösers, bald in unseren Tagen. Nachman sprach, der Messias sei bereit, in einigen Jahren zu kommen. Er (Nachman) kenne das Jahr, den Monat und den Tag. Aber jetzt (nach dem Tod seines Sohnes Efraim) werde der Messias nicht zum festgesetzten Zeitpunkt kommen" (zit. nach Cunz, 98).

Nach Green bilden die Lehrvorträge in Lik I 20 den Auftakt zu den messianischen Aktivitäten zwischen Rosch Haschana 1804 und Yom Kippur 1806. Die reichhaltige und fruchtbare Wirksamkeit Rabbi Nachmans in Brazlaw kommt auch in den nachstehenden Hauptabschnitten über Chasidismus, Mystik und Messianismus zur Ausfaltung.

Krankheit und Tod

Sosja, die Frau des Rabbi Nachman, starb im Juni 1807. Bereits im nächsten Monat wurde für Nachman eine neue Ehe arrangiert. Sie scheint aber nicht vollzogen worden zu sein. Immer deutlicher traten

Anzeichen von Tuberkulose bei ihm auf. Ende 1807 begab er sich für acht Monate nach Lemberg zu Liegekuren. Dort arbeitete er u. a. an seinen Erzählungen, die er als Ausdruck des Tikkuns betrachtete. So konnten noch mehrere seiner Lehrvorträge und Homilien bereits zu seinen Lebzeiten erscheinen. Im Jahre 1808 kehrte er wieder nach Brazlaw zurück. Im Mai 1810 aber verließ er Brazlaw erneut, um ins weiter östliche gelegene Uman zu ziehen. Dort starb er am 15. Oktober des gleichen Jahres, am Sukkot-Fest.

Nathan von Nemirov (1780–1845), einer der bedeutendsten Publizisten über die Geschichte des Chasidismus, ist zugleich der wichtigste literarische Berichterstatter über Rabbi Nachman. Neben allen Berichten und Zitaten über Rabbi Nachman schrieb er auch eine Autobiografie, die aber erst gut 30 Jahre nach seinem Tod (1876) in Lemberg erschienen ist. Sie wird abgekürzt als Yemey MaHaRNaT (Tage des Rabbi Nathan) zitiert. Arthur Green hat in seinem Werk „Tormented Master" den Bericht des Rabbi Nathan über das langsame Sterben Rabbi Nachmans in Uman in englischer Übersetzung wiedergegeben (Green, 275–282). Die Hauptabschnitte werden hier nun teils wörtlich, teils inhaltlich zusammenfassend nacherzählt.

Am dritten Tag von Selichot (1810) kam ich (Rabbi Nathan) in Uman an. Ich wollte dort an Rosch Haschana bleiben. Dann aber blieb ich dort, bis Rabbi Nachman in Frieden von uns geschieden ist. In der

Stunde seines heiligen und schweren Todes konnte ich bei ihm sein. Am ersten Tag von Rosch Haschana, der mit dem Schabbat zusammenfiel, wurde er schwächer und schwächer. Immer mehr Blut musste er ausspucken.

Es war aber fester Brauch, dass er am ersten Tag von Rosch Haschana Worte aus der Tora erklärte. Viel Volk versammelte sich deshalb vor dem Haus, und auch das Haus selber war voller Leute. Er selbst aber war dem Tode näher und trat nicht hervor. Nach einiger Zeit des Wartens kam die Nachricht, Rabbi Nachman wolle, dass ich zu ihm komme.

Ich fand ihn auf einer Ecke seines Bettes sitzend mit einer Tasse aus Messing neben sich. Die Tasse war fast voller Blut. Als er mich eintreten sah, rief er: Was soll ich tun bezüglich meines Neujahr-Lehrvortrags? Ich riet ihm zunächst, in dieser Verfassung nicht zum Vortrag zu gehen. Er aber sagte, er fühle sich den Leuten gegenüber verpflichtet, die teils unter großen Schwierigkeiten hierhergekommen seien, um ihn zu hören. Nach längerer Unterredung sagte Nachman zu Nathan: „Ich will mein Leben für diese Aufgabe hingeben!" Und als er sich auf den Weg machte, schien es in jedem Augenblick, als ob er gerade sterben würde.

Er verlangte, dass sein Sessel an den Platz gebracht werde, an dem er sprechen wollte. Dort setzte er sich nieder. Nach einer Pause begann er seine Neujahrsansprache. Es war wie ein Wunder, dass er sprechen konnte.

In der zweiten Nacht des Neujahrsfestes war er erschreckend schwach. Er wollte aber keinen Arzt haben. Schon oft hatte er früher betont, wer sorgsam mit seinem Leben umgehe, sollte nie einen Arzt in seine Nähe lassen. Auch hatte er früher gebeten, falls er selbst in seiner Krankheit einen Arzt erbitten sollte, sollten seine Schüler diesen daran hindern, zu ihm zu kommen. Diese meine Einwände wurden aber beiseite geschoben, und der Doktor kam. Wer weiß, ob dieser Doktorbesuch nicht dazu beigetragen hat, dass er früher gestorben ist?

Am zweiten Tag des Neujahrsfestes kam Rabbi Nachman nicht mit uns zum Gebet und auch nicht zur Mahlzeit. Er stand allein in seinem Zimmer und betete allein. Trotz zunehmender Schwäche redete er aber weiterhin mit seinen Besuchern. Sogar seine Töchter und sein Schwiegersohn kamen nach Ablauf des Neujahrsfestes und wunderten sich über seine Klarheit. Sie merkten wohl nicht, dass er in jedem Augenblick nur durch ein Wunder weiterlebte.

Uns wiederholte er in diesen Stunden sehr oft, er sei drauf und dran zu sterben. Auch wir konnten nicht verstehen, dass er sterben werde. „Wir dürfen aber Gott dankbar sein, denn er gab uns die Möglichkeit, genügend viel Lehren von unserem Meister zu empfangen, die alle kommenden Generationen ernähren werden – bis zum Ende der Zeiten!"

Am Yom Kippur blieb er wiederum allein in seinem Zimmer und war auch nicht in der Lage, zum

Ne'ila-Gebet in den Gebetsraum zu gehen. An den folgenden Tagen wechselten extreme Schwächen mit geradezu fröhlichem Sprechen. Er musste sein Zimmer räumen und in einen anderen Raum umziehen, in welchem er vor dem Neujahrsfest gelegen hatte. Er wusste, dass er dort sterben werde. Nathan bezog nun seine Schlafstelle im Zimmer Nachmans. In der ersten Nacht diktierte ihm Rabbi Nachman sein Testament: 300 Rubel sollen an seine Tochter Chayyah gehen. Seine Frau soll den Wert einer Ketubbah erhalten. Er fragte dann Nathan von Nemirov, ob er sonst noch etwas verteilen müsse, was dieser verneinte. Kurz danach sagte Rabbi Nachman: „Diese drei Jahre, seitdem ich krank bin, habe ich auf Wundern gelebt."

Am Freitagmorgen bat er um einen Sessel und blieb darin bis zum Ende des Sabbats sitzen. Aber er konnte nicht mit den andern die Pflichtgebete beten, weil er dauernd ausspucken musste und stets müde war. Am folgenden Sabbat wurde ihm bewusst, dass er durch seinen eigenen Tod Seelen erlösen könne. Er betete im Bett und brachte sein Leben Gott zum Opfer für die zu rettenden Seelen dar. Am folgenden Montag befahl er, alle seine herumliegenden Manuskripte zu vernichten. Rabbi Nathan von Nemirov wachte zusammen mit Rabbi Naftali und teilweise mit Rabbi Schimon beim Todkranken. Der sterbende Rabbi Nachman kam immer wieder auf die Seelen zu sprechen, „die darauf warten, erlöst zu werden. Und es seien sehr viele, die an dieser Stelle auf Fürbitte warten". Die beiden Betreuer erkannten, dass sich Rabbi Nachman mit seinen Fürbitten direkt auf den Tod vorbereitete. Nachman sagte ihnen zwischendurch auch: Ihr braucht nicht zu flüstern, sondern könnt vor meinem Antlitz über meinen Tod sprechen!

Die letzte Nacht seines Lebens konnte Rabbi Nachman in Stille und Besonnenheit verbringen. Er trank immer wieder Tee und wusch seine Hände. Das Ausspucken des Blutes wurde spärlicher. Nathan von Nemirov war glücklich, dem Sterbenden allein helfen zu dürfen, während seine Helfer-Gefährten schliefen. Am Laubhüttenfest, dem 15. Oktober 1810, starb Rabbi Nachman still und ruhig, beobachtet und bewundert von seinen Anhängern.

Nathan von Nemirov: Helfer und Publizist

Dieser Jünger, Begleiter verlässliche Sekretär und Nachfolger des Rabbi Nachman gehört in dessen Lebensgeschichte mit hinein, denn ohne Rabbi Nathan von Nemirov wären die Ideen und Taten des Rabbi Nachman der Nachwelt nicht so umfassend überliefert worden.

Es gibt deutliche Traditionen, wonach messianische und prophetische Gestalten stets von mindestens einem Begleiter, Deuter und Helfer umgeben sind. Das berühmteste Beispiel in der jüdischen Tradition bildet Schabbetai Zwi (1626–1676), der von Nathan ben Elischa aus Gaza (1643–1680) unterstützt, begleitet und dem Publikum zugängig gemacht wurde. Auch Rabbi Nachman von Brazlaw hatte in Rabbi Nathan von Nemirov einen außerordentlich gescheiten, schriftstellerisch begabten und frommen Deuter seiner Botschaft sowie einen Helfer in schwierigen Lebenssituationen. Vermutlich wollte Rabbi Nachman sich mit Hilfe von Rabbi Nathan in der Zeit nach seiner Israelfahrt als die im Vergleich zu Schabbetai Zwi und Nathan aus Gaza bessere und korrigierende messianische Gestalt profilieren.

Rabbi Nathan (Rek Noson) wurde am 22. Januar 1780 in Nemirov, einem Ort neun Meilen südlich von Brazlaw, als Sohn des Geschäftsmannes und jüdischen Gelehrten Rabbi Naftali Herz geboren (vgl. Greenbaum 1983, 352–357). Als Dreizehnjähriger heiratete er 1793 Esther Schaindel, die Tochter des damals bekannten Gelehrten David Zwi Orbach. Während der folgenden zwei Jahre lebte er mit seiner Frau im Haus seines Schwiegervaters und arbeitete sich in die talmudische und halachische Literatur ein. Im Herbst 1795 kehrte Nathan nach Nemirov zurück und traf dort mit dem chasidisch geprägten Rabbi Naftali zusammen, der zeitlebens sein Freund blieb. Im Jahr 1802 zog Rabbi Nathan nach Brazlaw, wo er erstmals Rabbi Nachman begegnete. Nachman war damals 30 Jahre alt, Nathan

22 Jahre. Bereits ihre erste Begegnung glückte hochgradig, und Rabbi Nathan übersiedelte bald danach nach Brazlaw. Dort begann er, die Vorträge des Rabbi Nachman zusammenzufassen und niederzuschreiben, wobei er sich jeweils über Einzelheiten bei Rabbi Nachman vergewisserte. Sein totales Engagement für Rabbi Nachman führte bald zu Streitigkeiten mit seinem Schwiegervater. Nathan musste deshalb schließlich mit seiner Frau bei seinem anderen Schwiegervater Yizchak Danziger ein neues Zuhause finden.

Im Monat Nisan 1802 veranstaltete Rabbi Nachman in Medvedevka ein Hochzeitsfest für seine Tochter Sara, und trotz der Opposition seiner Angehörigen nahm Rabbi Nathan daran teil. Er verlängerte sogar seine Abwesenheit, um gemeinsam mit Rabbi Nachman das Pessachfest feiern zu können.

Als Nathans Mutter im Jahr 1803 starb, empfahl ihm Rabbi Nachman, sich intensiv halachischen Studien zu widmen. Im gleichen Jahr bat ihn Rabbi Nachman, zusammenfassende Versionen seiner gehaltenen Vorträge zu verfassen. Etwas später wurden diese Notizen zur Basis des Werkes „Kitzur Likutey Moharan", das später den ersten Teil von Rabbi Nachmans Hauptwerk „Likutey Moharan" bildete. Im gleichen Jahr begann Nathan die Abfassung des *magnum opus* „Likutey Halakhot".

Nach dem Sukkot-Fest des Jahres 1805 gebar seine Frau Esther einen Sohn, der aber bald starb. Im

Sommer 1806 enthüllte Rabbi Nachman dem Rabbi Nathan den Stand damaliger Ereignisse, die zum Kommen des Messias führen werden. Im gleichen Jahr begann Nachman ereignisdeutende Geschichten zu erfinden und sie dem Rabbi Nathan zu diktieren. Im Jahr 1807 wurde Rabbi Nathan verpflichtet, in die neue Wohnung seines Schwiegervaters in Mohilev umzuziehen, 60 Meilen von Brazlaw entfernt. Dadurch mussten die Besuche bei seinem großen Meister interimistisch verringert werden.

Nach dem Yom Kippur 1808 erhielt Rabbi Nathan von seinem Meister den Auftrag, am Manuskript von Likutey Moharan weiter zu schreiben. Dieses die innersten Absichten und Erkenntnisse Rabbi Nachmans am weitesten enthüllende Buch wurde dann noch im gleichen Jahr in Ostrog publiziert. Etwa gleichzeitig mit der Publikation von Likutey Moharan wurde dem Rabbi Nathan sein Sohn Yizchak geboren, der später die „Alim LeTerufa" (Gesammelte Briefe des Rabbi Nathan) veröffentlichte. Im Jahr 1820 wurde ihm die Tochter Chana Tzirel und im Jahr 1822 der Sohn David Zwi geboren.

Ab 1822 konnte Rabbi Nathan wieder in Nemirov wohnen und war dem „Rebben" wieder näher zur Hand. Er konnte so in kurzer Zeit die Likutey Moharan Tinyana verfassen, die kurz nach Nachmans Tod veröffentlicht wurden.

Am 7. Mai 1810 zog Rabbi Nathan zusammen mit Rabbi Nachman nach Uman, wo Rabbi Nachman bis zu seinem Tod am 16. Oktober 1810 verblieb und wo er stetig von Rabbi Nathan besucht wurde.

In seiner letzten Lebenszeit in Uman ernannte Rabbi Nachman seinen getreuen Gefolgsmann und Interpreten zum Testamentsvollstrecker. So wurde er nach Nachmans Tod wie selbstverständlich zur unbestrittenen Autorität in der Nachfolge seines Meisters. Er verkündete den Gefolgsleuten auch, dass sie sich an jedem Neujahrsfest in Uman versammeln sollten. Er erfüllte in seiner ganzen ihm noch bleibenden Lebenszeit diesen Auftrag. Ab dem Jahr 1811 arbeitete Rabbi Nathan von Nemirov nicht nur an der Publikation der Worte und Taten des Rabbi Nachman, sondern auch an der verkündigenden Verbreitung seiner Lehren und seiner Taten. Er baute das niedergebrannte Haus des Rabbi Nachman in Brazlaw wieder auf und leitete dort 1814 den Bau einer größeren Synagoge, da das Interesse für Rabbi Nachmans Ideen immer größer wurde. Gleichzeitig begann er damit, die Gebete Rabbi Nachmans niederzuschreiben, den Likutey Tefillot, sowie dessen Erzählungen, den Sippurey Ma'asiot. In den gleichen Jahren schrieb er die Gebete auf, die nach dem Tikkun Hakelali zu rezitieren seien.

Im Winter 1822 verließ Rabbi Nathan seinen Wohnort Nemirov, um zusammen mit seinem Schüler Rabbi Eliezer ins heilige Land zu reisen. Er folgte dabei den Spuren seines Meisters Nachman:

via Odessa und Istanbul überquerte er das Mittelländische Meer. Das Schiff wurde nach Ägypten abgetrieben, sodass Nathan und sein Begleiter Schavuot in Alexandrien feierten. Dann, noch im Jahr 1822, gelangten sie nach Israel, wo sie Safed, Meron und Tiberias besuchten. Vor dem Fest Rosch Haschana 1823 verließen sie Israel, feierten das Neujahrsfest auf dem Schiff im Mittelmeer und den Yom Kippur in Istanbul. Nach Sukkot waren beide wieder zu Hause.

Rabbi Nathan musste besonders nach seiner Rückkehr aus dem heiligen Land viel Gegnerschaft aus opponierenden Kreisen der Brazlawer Chasidim ertragen. Die jüdischen Autoritäten in Wilna verboten ihm zeitweise die Publikation von Werken über Rabbi Nachman. 1826 starb seine Frau Esther, und im Jahr darauf heiratete er zum zweiten Mal. Mit seiner zweiten Frau namens Dishel hatte er zwei Söhne.

An Rosch Haschana 1829 kamen so viele Leute nach Uman in die Synagoge, dass Rabbi Nathan es für notwendig hielt, den Aufbau einer neue Synagoge in die Wege zu leiten. Sie wurde 1834 vollendet.

1834/35 erreichten die Feindschaften gegen Rabbi Nathan und die Brazlawer Chasidim ihren Höhepunkt. Sie wurden von Rabbi Moshe Zwi von Savran aufgeputscht. Rabbi Nathans Druckerei musste erneut geschlossen werden. Er selbst wurde aufgrund von Verleumdungen, er verhalte sich oppositionell gegen den russischen Zaren, von den Behörden gefangen genommen und eingesperrt. Seine Schriften wurden durchwühlt und geraubt und gingen so teilweise verloren. 1835/36 wurde Rabbi Nachman wiederum aus seinem Haus in Brazlaw vertrieben und war erneut gezwungen, bis 1838 in Nemirov zu wohnen. Danach nahm die Opposition gegen ihn ab, weil mehrere seiner Gegner bereits gestorben waren. Rabbi Nathan ließ jedoch bis zu seinem Tod nie davon ab, sich für die Verbreitung der Schriften und Lehren von Rabbi Nachman einzusetzen.

Rabbi Nathan starb 65-jährig, am 20. Dezember 1844, eine Stunde vor Anbruch des Sabbats. Sein letztes Wort und Gebet hieß: „Möge der Allbarmherzige die Heiligkeit des Landes Israel zu uns herabziehen." Zu seiner Beerdigung in Brazlaw kamen Chasidim und ihre gegnerischen Mitnaggedim. Rabbi Nathan ist es zu verdanken, dass die Brazlawer Chasidim bis heute weiterbestehen und sich ausbreiten konnten.

II.

Der osteuropäische Chasidismus und Rabbi Nachman

Rabbi Nachman von Brazlaw ist eine wichtige Gestalt im osteuropäischen Chasidismus um die Wende vom 18. zum 19. Jh. unserer Zeitrechnung. Die Wurzeln des Chasidismus (vom hebr. chasidût: Frömmigkeit, Begnadung) reichen jedoch zurück bis in die biblische Zeit, wo bereits von „Chasidim" (Frommen) und „Zaddikim" (Gerechten, Gottgetreuen) die Rede ist, die Verfolgungen erdulden mussten und die den Abfall der Israeliten vom wahren Glauben zu verhindern suchten (vgl. Dan 7; 12; 1 Makk 7).

Wer also waren die Chasidim? Nach den Spätschriften der hebräischen und griechischen Bibel sowie dem talmudischen Schrifttum waren dies jüdische Gelehrte und Heilige, die aus der Gesellschaft herausragten, die jüdischen Pflichtgebete stets treu erfüllten, sich ins Studium von Tora und Tradition vertieften und bereit waren, ihr Leben für die „Heiligkeit des Namens" hinzugeben. Im Mittelalter waren es die aschkenasischen Chasidim mit ihrem Hauptwerk, dem „Sefer Chasidim", die insbesondere im nördlichen Europa die früheren Frömmigkeitsideale neu entfalteten und weiterführten. Frischen Schwung und neue Motivation erhielten diese „Frommen" durch die Ausbreitung der mystisch-esoterischen Bewegung der Kabbala, deren Wurzeln in Spanien/Portugal, Südfrankreich, Polen, Russland, Österreich sowie im Land Israel zu finden sind. Der osteuropäische Chasidismus wurde vor allem von Israel ben Elieser Baal Schem Tov (abgekürzt „Bescht"; 1700–1760) sowie vom Maggid Dov Bär aus Meseritsch (gest. 1772) zu großer Blüte gebracht. Rabbi Nachman sah sich selbst in den Fußstapfen vor allem des Bescht, aber auch aller früheren Zaddikim, deren Ansätze er zur Vollendung bringen wollte.

Um die Lebensschicksale, Bemühungen und Leistungen des Rabbi Nachman vor ihrem weiteren geistig-religiösen Horizont betrachten zu können, müssen wir uns nun der Geschichte, den Hauptthemen und den Hauptgestalten der Kabbala zuwenden. Einer speziellen Erörterung bedarf dabei der von der Kabbala und den jüdischen Notzeiten abhängige Chasidismus.

Begriffe und Ursprünge der Kabbala

Kabbala (qabbalah) meint wörtlich Überlieferung, Übernahme, Weiterführung. Die hebräische Wortwurzel q-b-l bedeutet empfangen, übernehmen, annehmen, weitertradieren. Der Sammelbegriff Kabbala bezeichnet die jüdische theosophische Mystik sowie esoterische Traditionen des Judentums. Entstanden ist die Kabbala im 12. Jh., und zwar hauptsächlich in der südfranzösischen Provence. Sie enthält aber auch ältere gnostische, neuplatonische und jüdisch-esoterische Elemente. Von der Provence aus verbreitete sich die Kabbala nach Gerona in Nordspanien, wo Mose ben Nachman (Nachmanides; 1194–1270) kabbalistische Ideen vor allem in

seinem Kommentar zum Pentateuch, den fünf Büchern Mose, entwickelte. Nach der Vertreibung der
Juden aus der Iberischen Halbinsel (1492) breitete
sich die Kabbala vor allem in Polen/Weißrussland,
in der Türkei, in Ägypten und im Land Israel aus.
Dies geschah unter dem Einfluss der frühjüdischen
und rabbinischen Schöpfungs- und Thronmystik
(maase bereschit, maase merkaba) sowie der He-
khalot-Literatur des 3./4. Jhs. Es ging dabei um das
mystische Hinaufgelangen in den himmlisch-gött-
lichen Bereich, um die Erkenntnis der aktuellen
Tora und um die Beschreibung der himmlisch-
irdischen Gemeinsamkeit im Gotteslob. Wichtige
frühe Einflüsse waren u. a. der Neuplatonismus mit
seinem Begriff der Emanation, dem anfangslosen
Hervorgehen alles Seienden aus der unveränderten
Gottheit heraus, sowie der islamische Sufismus
mit seinen starken Tendenzen zum Individualis-
mus in der Frömmigkeit mitsamt seinen asketischen Zügen.

Einführung in kabbalistisches Denken

Ein prominenter Deuter der Tora war der spanisch-
jüdische Gelehrte Josef ben Abraham ibn Gikantilla
(1248–ca. 1325). Sein Werk Scha'are 'ôrah (Tore des
Lichtes, Lichtpforten; im Folgenden werden daraus
daraus die Seiten 105 f. kommentiert) hatte großen
Einfluss auf die Kabbalisten seiner Zeit und der spä-

teren Generationen. Josef ibn Gikantilla deutet im Kapitel „Das neunte Tor" die Bibelstellen Gen 2,9 und Ps 145,16: „Und JHWH Elohim pflanzte einen Garten in Eden" (Gen 2,9); „Deine Hände öffnend und alles Lebendige sättigend durch Wohlgefallen" (Ps 145,16). In beiden Stellen finde sich ein großes Geheimnis (sôd gadôl). In Ps 145,16 müsse aber eine Vokaländerung vorgenommen werden. Statt jadekha, „deine Hände", müsse jodekha „dein Jod" gelesen werden. Der Buchstabe Jod ist nun aber der erste Buchstabe des unaussprechlichen Namens JHWH. Ps 145,16 müsse daher so gedeutet werden: „Den Erstbuchstaben deines Namens öffnend und alles Lebendige durch Wohlgefallen sättigend." Damit werde die zentrale Verbindung zwischen Gott und den Israeliten berührt und geoffenbart: der Jichud. Mit diesem Begriff wird die bereits wirksame und auf die endgültige Wiedervereinigung von Schöpfergott und Israel zielende Enderlösung angesagt. Dann fährt ibn Gikantilla fort: „Wenn der Mensch sich auf den Jichud vorbereitet, bedenke er das erste Jod (des Gottesnamens), und er wird verstehen, wie das Wohlgefallen Gottes in die Welt des Lebendigen hineinströmt." Die Welt des Lebendigen wird durch die binah (Einsicht) dargestellt. In diesem Zusammenhang wird auch 1 Chron 29,11 bedacht: „Dir, JHWH sind zu eigen die gedulla (Größe), die gewura (Kraft, Macht), die tiferet (Pracht), der nezach (Sieg) und hod (Majestät). Dein (Gott) ist alles im Himmel und auf Erden!" Danach, so heißt es in diesem kabbalistischen Text weiter, „vereinigen sich (mejachadim) Fundament (yesod) und Königsherrschaft (malkhut) als Einheit, und die Welt befindet sich dadurch im Zustand vollkommener Einheit (jichud). Dann findet sich vollkommener Segen in der Welt. Dann finden sich die sieben (Schöpfungs-)Tage auf ihrem Platz, und die Herrlichkeit JHWHs, er sei gepriesen, erscheint am achten Tag. Und dann wird sich alles in vollkommener Wiederherstellung befinden."

Diesen Text kommentiert Johann Maier so: „Im Vergleich zur neuplatonisch-philosophischen Auffassung konkretisiert die jüdische Religion exakt die Mittel, die zum Wiederaufstieg führen. Erfüllen die heiligen Seelen ihre Aufgabe im Sinn der Toraerfüllung, dann tragen sie zur Wiederherstellung nicht nur ihrer eigenen Ursprungssituation bei, sondern bewirken – durch die kabbalistische Erkenntnis und Frömmigkeit – die Einung (jichud) der Gottheit in der Vielfalt ihrer Wirkungsweisen" (Maier 1995, S. 228). Eine weitere Verstehenshilfe bietet hier ein Satz aus dem Zohar, dem kabbalistischen Hauptwerk: „Der Heilige, gelobt sei er, die Tora und Israel sind eins" (Zohar wajiqra 73).

Aus beiden kabbalistischen Texten schimmert die Glaubensüberzeugung, dass es ein Beieinander, Ineinander und Füreinander Gottes, der Tora und Israels gibt. Rabbi Nachman von Brazlaw war von dieser Vorstellung besonders nach seiner Israelfahrt fasziniert, wobei er immer stärker und deutlicher kabbalistische Traditionen in Dienst nahm. In allen chasidischen Bemühungen – auch in jenen des Rabbi Nachman – geht es um das Zusammenkommen der göttlichen Erwählung und des göttlichen Erbarmens mit der ringenden und mit Gott zusammenarbeitenden jüdischen Gemeinschaft und dem Zaddik.

In der in Lik I 20 (Abschnitt B) festgehaltenen „Niederschrift unseres Meisters" (Rabbi Nachman) heißt es: „Wer weiterhin Erläuterungen der Tora geben will, muss von Anfang an Worte, heiß wie Kohlen, auf sich selbst ziehen. Es heißt: ‚Und das Wort ergeht ihm vom oberen Herzen her. … Fels meines Herzens' (Ps 73,27). Man muss sein Herzwort im Gebet vor dem Heiligen, gelobt sei er, ausschütten. Durch dein Gebet wird sein (= Gottes) Innerstes (= Erbarmen) angerührt, und das obere Herz öffnet sich. Die Hauptsache des Erbarmens befindet sich ja im Herzen (Gottes). Auch Worte strömen aus dem oberen Herzen, und durch das Wort empfängst du Erläuterungen der Tora. Dieses obere Herz ist wie der Felsen. Denn von ihm kommt das Wort heraus, das Wort aus dem Felsen (bMeg 18a). … ‚Fels' (sela'/zûr) weist auf mein Herz hin; es heißt ja: ‚Fels meines Herzens' (Ps 73,26). … Und siehe, das Herz wird von Erbarmen ergriffen und lässt heiße Worte entströmen. Mein Herz entbrennt in meinem Innern. Wenn ich daran denke, entbrennt es wie Feuer auf meiner Zunge beim Reden. In dieses Herz sind alle Erklärungen der Tora hineingeschrieben. Es

heißt ja: ‚Schreib sie auf die Tafel deines Herzens'
(Spr 3,3). Wer irgendeine Erläuterung der Tora nehmen will, muss sie in bittendem Gebet von jenem
Herzen nehmen" (Übersetzung von Michael Brocke;
vgl. Cunz, S. 249).

Alle drei bislang zu Rate gezogenen Texte – der
Abschnitt aus dem Werk des Josef ben Abraham ibn
Gikantilla, der Spruch aus dem Zohar und das Zitat
aus dem Vortrag von Rabbi Nachman im Zusammenhang mit seiner Israelfahrt – berühren zentrale Glaubensweisen der Kabbalisten. Sie beteten,
glaubten und arbeiteten, damit alles Zerbrochene in
der Schöpfung und in den Herzen der Menschen
sich mit Gottes und Israels Hilfe wieder zu-
sammenfügt und sich so die Herrschaft Gottes wieder ungehemmt und ungeteilt entfalten kann. Es
gibt nach kabbalistischer Lehre zehn Wirkweisen
Gottes (sefirot), die die Neuschaffung und „Reparatur" von Schöpfung und Geschöpfen zusammen mit
israelitischen Mit-Hilfen ermöglichen. Diese zehn
Sefirot sind:

1. Keter (Krone)
2. Chokhma (Weisheit)
3. Bina (Einsicht)
4. Chesed (Huld, Gnade, Barmherzigkeit)
5. Gewura (Kraft, Stärke, Gerechtigkeit)
6. Tiferet (Schmuck, Pracht, Schönheit)
7. Nezach (Sieg)
8. Hod (Pracht, Majestät)

9. Jesod (Fundament)
10. Malkhut (verwirklichtes Reich Gottes).

Die seit Urbeginn in die Welt von Gott her einströmenden Strahlen, Kräfte und Formen wurden bald nach Vollendung der Schöpfung zersplittert (schevirat ha-kelim). Diese „Zersplitterung der Schalen" erfolgte unter anderem aufgrund der Sünde, des Ungehorsams und der Anfälligkeit zur Verführung, was die ersten Menschen ebenso kennzeichnet wie die nachfolgenden Generationen.

Die daraus resultierende Verpflichtung zur göttlich-menschlichen Zusammenarbeit mit dem Ziel der Wiederherstellung der Zerrissenheiten wurde von den Kabbalisten auch im Zusammenhang mit der Schekhina, der im Zentrum Israels wirkenden Göttlichkeit, gesehen. Zusammen mit dem gesamten, gereinigten und mitwirkenden Volk Israel werden die zersplitterten Schöpfungswerke unter Leitung und Obhut der Schekhina wieder zur einen und bruchlosen Gottheit zurückfinden. Als tora- und traditionstreuer Zaddik wirkte auch Rabbi Nachman durch Gebet, Askese und gute Taten im Dienste der neu aufzubauenden Einheit der Schöpfung und besonders des Volkes Gottes.

Mit der Sammlung und Korrektur des in die eine Gottheit zurückzuführenden Volkes der Erwählung verstand sich Rabbi Nachman als Mitarbeiter an der Erneuerung und Vereinheitlichung der Schöpfung und seiner eigenen Persönlichkeit. Etwas pathetisch rief er einmal aus: „Ich rufe in Erinnerung, dass mich in der kommenden Welt alle brauchen werden, und dass sich alle danach sehnen werden, die Chidduschim zu hören, die ich zu jeder Zeit und in jedem Augenblick erneuernd hervorbringen werde. Was bin ich? Nur das, was meine Seele erneuernd (mechaddesch) hervorbringt" (Chay 147).

Zum besonders wichtigen Ideal der Kabbalisten und der sie beerbenden Chasidim wurde die Devekut, das leib-seelische Bestreben zum mysterialen Erreichen der Vereinigung mit Gott, der persönlichen Erlösung und der liebevollen Achtung der Mitmenschen. Von der Wortbedeutung (d-b-q) her geht es um das Anhaften, Andocken und Anhangen an Gott. Der Zaddik ist dabei die Verbindungsperson. Dem einfachen jüdischen Frommen ist die mysteriale Vereinigung mit Gott oft erst in der Verbindung mit der Devekut des Zaddik bzw. des Chasid möglich.

Die für die Devekut bestimmende Grundstelle findet sich im babylonischen Talmud, bKet 111b. Dort ist dieses Ideal mit dem jüdischen Glauben an die leib-seelische, also ganzheitliche Auferstehungshoffnung verbunden. Der Text lautet: „Rabbi Jochanan sagte: Wer sich des Lichtes der Tora bedient, den bringt die Tora zum Leben. Wer sich des Lichtes der Tora nicht bedient, den belebt die Tora nicht." Als dann Rabbi Jochanan merkte, dass sein damaliger Gesprächspartner durch diese Aussage nicht beruhigt werden konnte, zitierte er Dtn 4,4:

„Ihr, die ihr euch an den Ewigen, euren Gott, an-
hängt, seid heute alle lebendig." Dann wird gefragt:
„Ist dies denn für die an die Schekhina Angeschlos-
senen möglich?" Als bejahende Antwort wird
Dtn 4,24 zitiert: „Der Ewige, dein Gott, ist ein ver-
zehrendes Feuer." Der Herr über Leben und Tod
ziehe alle Geschöpfe an sich, reinige sie und nehme
sie in sein stets anwesendes Licht hinein.

Dieser Talmudabschnitt wurde besonders seit
seiner Deutung durch Abraham ben Samuel Abula-
fia (1240–ca. 1295) als Aufforderung zur gedank-
lichen Konzentration in Dienst genommen, um die
Devekut, die *unio mystica* mit Gott, mitten in den
Gegebenheiten des Lebens konzentriert zu erreichen. Als Hilfsbegriff für diese Bemühungen wurde
der Ausdruck „kawwana" (Intention) gebraucht.

Rabbi Nachmans Bemühungen und Erfolge, eine
Devekut, also eine mysteriale Verbindung mit Gott
im Dienste der Erlösung, zu erlangen, werden in
Chay 240 folgendermaßen geschildert: „Ich (= Na-
than von Nemirov) habe gehört, dass seine (= Rabbi
Nachmans) Gottesverehrung sowie seine furchtge-
bietende und furcherregende Heiligkeit in der
Nacht zum heiligen Schabbat besonders in seiner
Jugendzeit auf seinem Gesicht (jeweils) zu sehen
waren. Sie waren sichtbar, bis die Stunden der
Unterweisung vorüber waren, und oft überhaupt bis
zum Ende des Schabbats. Einmal bewegte er seine
Hände und sprach in der Abschlussnacht des Schab-
bats den Abschluss-Segen des Schabbatmahles.

Auch alle Teilnehmer an seinem Schabbat-Tisch sprachen den Abschluss-Segen mit ihm und aßen ihr Stück Brot. Sogleich nachdem Rabbi Nachman das Stück Brot gegessen hatte, geschah es, dass er in seinem Geist zum ‚Ort' (scil. des gegenwärtigen Gottes) hinaufstieg. Er wurde vom ‚Ort' angezogen (hitdabbeq; wörtlich auch: er ließ sich anziehen, anlocken, ankleben, anhängen, verbinden): durch eine große und wunderbare Verbindungskraft (devequt) während der ganzen Nacht. Er blieb am Tisch mit geöffneten Augen, ohne etwas zu reden und ohne etwas zu essen. Und auch die Gefährten wagten nicht zu essen, weil sie sehr darüber erschrocken waren; sie scheuten sich davor, ihn zu erschrecken. Dies (die Verzückung und die gebotene Stille) dauerte bis zum Morgengrauen und setzte sich auch fort, als die Wärme einsetzte. Sie sagten dann den Tischsegen und gingen vom Tisch weg." Die Devekut ist also zunächst und hauptsächlich eine Einbindung des Zaddiks in die Sphäre der Göttlichkeit.

Dieser Prozess der Einbindung in die Wirkkraft Gottes ermöglicht ein wirkungsvolles Aussprechen der Wahrheit über Gott und über die israelitischen Verpflichtungen. Was der Zaddik bei seiner mystischen Erhöhung erlebt und der Göttlichkeit bittend vorträgt, ist ein wirkungsvoller Ausdruck der Devekut. Sie wird zum Tikkun. Mit Tikkun ist die mysteriale Wiederherstellung der beschädigten Schöpfung und der sündigen Seelen zur ursprünglich von Gott verliehenen Integrität und Vollkommenheit gemeint.

Isaak Luria (1534–1572)

Mit Isaak Luria wenden wir uns einer der bedeutendsten religiösen Gestalten des Judentums aller Zeiten zu. Seine Mutter stammte aus einer spaniolischen Familie. Weil sein Vater aus einer deutsch-polnisch-aschkenasischen Familie kam, erhielt Isaak Luria auch den Beinamen ha-Aschkenasi. Weit populärer aber wurde sein Zusatzname „der heilige Ari", bzw. „der heilige göttliche Rabbi Isaak". Nach dem frühen Tod seines Vaters besuchte er Talmudschulen in Ägypten, wo er schon bald durch Gelehrsamkeit und Frömmigkeit auffiel. Bereits in der Jugendzeit und mehr noch als Erwachsener zog er sich oft ganze Wochen in die Einsamkeit zurück und betrieb dabei esoterische Studien. Einige Zeit nach der Heirat übersiedelte er 1569 mit seiner Familie nach Safed im galiläischen Hochland, wo sich schon damals bedeutende jüdische Mystiker besonders spanischer Herkunft angesiedelt hatten. In der Umgebung dieser „Stadt auf dem Berge" befinden sich Gräber vieler Gesetzeslehrer der talmudischen Zeit, so etwa im acht Kilometer entfernten Meron. Dort liegt das Grab des Rabbi Schimon bar Jochai, den die Tradition als den Verfasser des Zohar (Buch des Lichtglanzes), des Hauptwerkes der Kabbala, wertete. Isaak Luria durchwanderte die galiläische Gegend immer wieder mit seinen Schülern. Er zeigte ihnen die Gräber verstorbener Meister, mit deren Seelen er in Verbindung getreten war. Er war es auch, der das Sich-Niederwerfen auf den heiligen Gräbern zu einem charakterischen Brauch der Safeder Mystiker einführte. So könne man sich mit der Seele verstorbener Gerechten vereinigen und damit einen Jichud, also eine mysteriale Vereinigung, erreichen. Wir erinnern uns: auch Rabbi Nachman hat auf seiner Reise nach Israel die Gräberbesuche im Sinne des Ari durchgeführt und fühlte sich dadurch neu gestärkt.

Die berühmteste Vorstellung des Ari und seiner kabbalistischen Vordenker und Gesinnungsgefährten ist die Lehre vom „Zimzum" (wörtlich: Zusammenziehen). Nach ihr wurde das Schöpfungswerk Gottes erst möglich durch Gottes „Selbsteinschränkung", den Zimzum Gottes. Dadurch erst ließ Gott, der ursprünglich alles umfasste, Raum für die Schöpfung und die Geschöpfe. Nach der Schöpfung belebte und füllte Gott den freigemachten Raum und seine Kreaturen mit seinen Licht- und Kraftstrahlen, den sogenannten Emanationen (Ausgießungen). Vom göttlichen Zentrum aus gehen seitdem Kraft- und Erbarmungsstrahlen aus, die alles Geschaffene mit dem Schöpfer verbinden. Alles Irdische besteht demnach aufgrund der Emanationen Gottes. Zu den einzelnen Gestaltformen (parzufim), die durch Kombinationen der einzelnen Sefirot gebildet werden, gehören auch die Glieder des menschlichen Leibes, die deshalb in Gott hineingeleitet werden können und müssen.

Rabbi Nachman hat in seiner späten Jugendzeit im Zusammenhang mit diesen kabbalistischen Vorstellungen von den aus der Gottheit heraus emanierten Körpergliedern und Körperfunktionen seine zum Überborden neigende Sexualität bekämpft. Dadurch sollte das göttliche Einfließen in seine leibseelische Ganzheit ungehindert ermöglicht werden.

Gleichbedeutend mit den bereits erwähnten Begriffen Devekut und Tikkun ist das Wort Hitbodedut in der Bedeutung von Absonderung, Rückzug in die Einsamkeit bzw. in die Kontemplation. Für Rabbi Nachman war Hitbodedut ein wichtiger Ansporn, um die Gewissheit der steten Gottesnähe zu erlangen. An einem Sabbatausgang im Dezember 1806 unterhielten sich Rabbi Nachman und Rabbi Nathan von Semirow über die Eliasgrotte in der Nähe von Haifa, die Nachman bei seiner Israelreise besucht hatte. Dabei sagte Rabbi Nachman: „Ich habe mir vorgestellt, wie Elia dagestanden ist und Hitbodedut geübt hatte. Rabbi Nathan rief sich dann in Erinnerung, dass doch auch Elia als gewöhnlicher Mensch die Hitbodedut pflegte und ihm dadurch eine solche Stufe zuteil geworden war, dass er den Geschmack des Todes nicht schmeckte" (vgl. Cunz, S. 316). Isaak Luria war ein großes Vorbild für Rabbi Nachman. Er wollte ihn, in dem er messianische Funken vermutete, neu aktualisieren.

Israel ben Elieser, Baal Schem Tov (1700–1760)

Der Chasidismus, diese Bewegung der gerechten Frommen, entstand im frühen 18. Jh. in Podolien, im südöstlichen Polen. Die wichtigste Gründergestalt war Israel ben Elieser (1700–1760), der als „Baal Schem Tov", das heißt als wunderwirkender „Besitzer des göttlichen Namens" bezeichnet wurde. Sein Rufname „Bescht" ist eine Abkürzung von <u>Ba</u>al <u>Sch</u>em <u>T</u>ov. Vermutlich wurde er in Okop in Podolien geboren. In seinen frühen Jahren übte er die Berufe des Synagogendieners, des Kinderlehrers und des Schächters aus, gelegentlich war er auch Lehmgrubenarbeiter. Er zog in Podolien und Galizien umher, bis er sich schließlich um 1740 in Miedzyborz in Podolien niederließ, wo er 1760 starb.

Mit seinen die Kabbala aktualisierenden Lehren und mit seinen vielen Aufforderungen zu religiöser Emotion beeinflusste er große Teile des jüdischen Volkes in den osteuropäischen Gegenden. Der Bescht wurde bald zur Spitzenfigur, die zu einer religiösen Revolution gegen den einseitigen Intellektualismus vieler damaliger Interpreten des talmudischen Judentums aufrief. Sein Gottesbegriff war pantheistisch gefärbt und zugleich stark von der Kabbala des Ari und des Josef Karo (1488–1575) geprägt: Gott wohnt in allen Dingen, und aus dem Gottesbegriff ergibt sich eine Ethik mit der besonderen Verpflichtung dem sündigen Menschen gegenüber.

In dem ihm vielleicht zu vollständig zugeschriebenen „Vermächtnis des Bescht" heißt es u.a.: „Gott will, dass man ihm auf jede Weise diene. … Immer suche man in seinen Gedanken die Einsamkeit zusammen mit der göttlichen Einwohnung, und man sinne nur darauf, sie stets zu lieben, auf dass sie einem anhafte. Man frage sich stets in seinen Gedanken: Wann werde ich würdig sein, dass bei mir das Licht der Einwohnung wohne?" Er wendet sich dann energisch gegen aufkommende Resignation und Traurigkeit. Man müsse Gott „in Freude dienen, denn nicht um meinetwillen diene ich ihm, sondern um dem Hochgepriesenen Genugtuung zu bereiten. … Das ist des Dienstes goldene Regel: Hüte dich gar sehr vor der Traurigkeit. Weinen ist ein großes Übel, und in Freude diene der Mensch. Nur wenn Freude die Ursache der Tränen ist, sind sie sehr gut" (Wilhelm 1961, S. 297f.).

Der Bescht hat also die Devekut in den Mittelpunkt seiner Lehren gestellt. Ebenso wichtig war ihm der fröhliche religiöse Optimismus. Seine zentralen Lehren waren: Gottes lebendige Präsenz erfüllt die Erde und den Menschen; sie ist überall (Omnipräsenz und Immanenz). Ein vollkommenes jüdisches Leben äußert sich in einem Ausströmen des Herzens und der Seele in Richtung Gott, besonders bei der Verrichtung einer Mizwa. Der Höhepunkt des jüdischen Lebens ereignet sich in der Begegnung zwischen dem göttlichen Ausströmen von Gnade und Barmherzigkeit und dem inneren menschlichen Hinströmen zu Gott und den himmlischen Mächten hin.

Das hagiographische Standardwerk über Leben, Taten und Mentalität des Bescht trägt den Titel „Schivche ha-Bescht" (Lobpreisungen des Bescht). Es erschien aber erst ca. 50 Jahre nach dessen Tod. Diese „Lobpreisungen des Bescht" sind voller frommer Legenden und Wundererzählungen. Der Bescht wird darin u.a. als „Doktor" beschrieben, weil er zu den ersten Chasidim gehörte, die die variablen Formen der göttlichen Namen für Heilungszwecke in Dienst nahmen. Aber weder er noch seine Freunde und Schüler wollten bei ihren Heilungsgebeten, die sie mit ärztlichen Ratschlägen verbanden, als religiöse Magier missdeutet werden. Seine Lehren drückte der Bescht hauptsächlich aphoristisch und auf Jiddisch aus.

Diese Schilderungen blieben aber einseitig, würden sie nicht auch sein messianisches Denken erwähnen. Sein Schüler, Rabbi Menachem Nachum von Chernobyl, umschreibt die messianischen Intentionen des Bescht so: „... diese Vereinigung (von Wort und Denken) ist ein Geheimnis der Konstruktion der Statur des Messias, wie dies in den Reden des Bescht – seine Seele sei in der himmlischen Schatzkammer – erklärt ist: Jeder Einzelne aus Israel muss den Teil der Statur des Messias, der zu seiner Seele gehört, wiederholen und vorbereiten. Das Wort ADaM ist das Abkürzungswort für <u>A</u>dam, <u>D</u>avid und <u>M</u>essias. Die Statur Adams existiert vom

Anfang der Welt bis zu ihrem Ende, wie auch die Seelen aller Israeliten in ihm inbegriffen sind. Später wurde seine Statur durch die Sünde verkleinert. Aber die Statur des Messias wird wieder vollständig geformt sein – aus allen Seelen Israels heraus. Die Israeliten sind 700 000 Seelen – ebenso viele wie vor der Sünde Adams! Deshalb hat jeder Einzelne aus Israel jenen Teil vorzubereiten, der jenen Aspekt des Messias darstellt, der zu seiner Seele gehört. Dieser Prozess wird dauern bis die ganze messianische Gestalt wieder hergestellt und neugeformt ist und bis eine vollständige und unauslöschliche Vereinigung erreicht ist. Möge dies schnell in unserer Zeit sein" (Idel 1998, S. 221).

Hier begegnet uns eine Auffassung, die auch in Rabbi Nachmans messianischem Denken eine große Rolle spielt: In allen Seelen der Israeliten finden sich messianische Spuren. Der Messias selber wird die personale „Fülle-Person" sein, die die messianischen Funken aller Zeiten und Persönlichkeiten in sich enthält, die vor ihm und mit ihm existieren.

Rabbi Menachem von Chernobyl fährt fort: „Das Wesen unserer Gottesverehrung besteht darin, den Teil des Messias, der jedem und allen von uns entspricht, wieder herzustellen (le-taqqen). ... Und wenn das Unternehmen des Tikkuns der vollen Gestalt vollendet ist, wird der Messias einer der Gerechten sein, die Grundlage der Welt in vollkommener Weise, die große, unbehinderte Pfeife, die darauf vorbereitet ist, den Zustrom und die Lebendigkeit zu empfangen. Dies wird die Ursache dafür sein, dass die Ankunft unseres Messias die Stärkung des Gutseins und der Erkenntnis der Welt verursachen wird. Er wird der universale Gerechte in einer vollkommenen Weise sein. Er wird deshalb der ‚Messias unserer Gerechtigkeit' genannt. Beides wird er sein: ‚einer der großen Gerechten und die große Pfeife, durch die die Rettung für alle Guten übermittelt wird'". Jetzt aber sei die Zeit der messianischen Sammlung noch nicht da, weil zuwenig Gerechte da seien. „Aber wenn das ganze Volk Israel zu Gerechten wird und wenn die Israeliten zu einer Pfeife für diese Welt werden, indem sie als Pfad für die Existenz der Welt dienen, werden sie das Land erben" (ebd. S. 221).

Die Gerechten sind die Nachahmer Gottes und rufen (pfeifen) als solche in der messianischen Zeit auch die Völker zu Gott hin, der der erste und ursächliche „Herbeipfeifer" ist. Diese Vorstellung wurde besonders aus Sach 10,8 abgeleitet: „Ich (= Gott) werde ihnen (= den zurückgebliebenen Stämmen Israels) pfeifen und sie zurückholen, denn ich habe sie losgekauft, und sie werden so zahlreich werden, wie sie zahlreich waren."

Wichtig ist auch die Aussage des Bescht, dass der Tikkun Israels und der Welt die wesentliche Aufgabe des Messias sein wird. Der Tikkun bildete auch das Zentralanliegen des messianisch denkenden Rabbi Nachman. Sein Messiasbewusstsein, das ihn mit dem Bescht und mit anderen Chasidim verbindet, wird in Lik I 118 so umschrieben: „Jeder Zaddik jedes Zeitalters trägt den Mose in sich, und Mose trägt den Messias in sich. ... Der Zaddik der (jeweiligen) Generation ist wie der Messias." Mit diesem zaddikisch-messianischen Bewusstsein wollte Rabbi Nachman das Volk Israel und sich selbst aus dem Exil und aus der damit verbundenen Traurigkeit herausführen: „Durch die Freude wird jemand ein Sohn der Freiheit und kommt aus dem Exil heraus. Wenn der Gedanke mit der Freude verbunden ist, dann ist er (der israelitisch-zaddikidische Mensch) aus der Sklaverei herausgenommen, und sein Geist wird frei. Er kann dann vom Willen (Gottes) her geführt werden" (Lik II 10). Dem messianischen Bewusstsein und der messianischen Arbeit des Rabbi Nachman ging es also auch um die Befreiung aus Verbannung und Traurigkeit.

Der Maggid Dov Bär (ca. 1710–1772)

Wichtigster Schüler und Nachfolger des Bescht war der Maggid (Prediger) Dov Bär von Meseritsch (Miedzir, Miedzyrzec, Mesirech). Ähnlich wie der Bescht arbeitete er zunächst als Privatlehrer für jüdische Kinder. Auch er nutzte seine Freizeit zum Studium der lurianischen Kabbala. Der Chasidismus wurde durch ihn erneut so populär, dass er sich von Podolien aus in alle Teile Osteuropas und in andere Gegenden ausdehnen konnte. Auch Dov Bär verstand sich als Zaddik, das heißt als geheiligten und berufener Mittler, der die Theologie der Devekut deutete und seelsorglich anwandte. Unbeirrt predigte er asketische Moral, Umkehr und Taten der Buße. Sich selbst unterwarf er persönlicher Kasteiung sowie Fasten- und Bußübungen. Als er deshalb krank wurde, reiste er zum Bescht. Dieser ermahnte ihn, dass wahre Gottesverehrung keine Selbstquälerei und keinen Trübsinn gestatte, sondern eine frohe Stimmung. Nach seiner Genesung erkannte Dov Bär, dass das „Lernen ohne Seele" verderblich sei. Seinem Schüler Salomo von Luck erzählte Dov Bär später, dass der Bescht „ihn die Sprache der Vögel und der Bäume, die Geheimnisse der heiligen Namen und der Jichudim (der Einungen) gelehrt" habe (Dubnow I, 135). Dov Bär übernahm aber nicht die Alphabet-Mystik des Bescht, sondern vor allem die Zimzum-Mystik aus dem Kabbalistenkreis rund um Isaak Luria. Er verkündete die sich aus Liebe zu Israel einschränkende Gottheit. „Der Zimzum der Gottesfülle" war für ihn das Medium der Gottesliebe, mit der sich der Unbegrenzte dem Begrenzten empfangbar macht. Diese Weisheit Gottes identifizierte der Maggid, unter Verschiebung der älteren kabbalistischen Tradition, mit der göttlichen Potenz des Nichts, der schlechthinnigen Schöpfermacht Gottes und dem Anfang von Tora und Schöpfung. Hier im Zimzum des Nichts ist die gesamte Schöpfung in Potenz noch undifferenziert als *coincidentia oppositorum* vorhanden" (Grözinger, in: TRE 17, S. 383).

Kurz vor seinem Tod übertrug Dov Bär die Führung des Chasidismus seinen Gefolgsleuten. Er selbst residierte nun in Meseritsch in Wolhynien. Als großer Kenner und Deuter des Talmuds und der Kabbala übte er starken Einfluss auf viele aus, die nach Bildung und Theologie strebten. Mit großem organisatorischem Können teilte er seine informationswilligen Gefährten und Schüler als Lehrer bestimmten jüdischen Gemeinden zu.

Auch der jüdisch-religiöse Philosoph Salomon Maimon (1754–1800) wurde von Dov Bär beeinflusst. Dieser sehr gescheite Interpret des Moses Maimonides besuchte den Dov Bär eines Sabbats und nahm an der Sabbatmahlzeit teil. Am Sabbattisch erlebte er, wie Bibelverse von den Jüngern des Dov Bär gedeutet und ausgerufen wurden und wie der bedeutende Maggid diese großartig zusammenfassend erläuterte. Dem Salomon Maimon sagte aber diese Belehrung nicht zu. Er schreibt u. a.: „So missfiel mir auch die ganze Gesellschaft nicht wenig wegen ihres zynischen Wesens und ihrer Ausschweifung in der Fröhlichkeit" (Lebensgeschichte, S. 204; vgl. Dubnow I, S. 140–144).

Gegen Ende seines Lebens wurde seitens des rabbinischen Judentums der Bann (cherem) gegen die „Sekte der Chasidim" ausgesprochen. Daraufhin wurde der große Maggid schwer krank und starb am 19. Dezember 1772.

Der Chasidismus starb aber trotz mehrerer Verurteilungen nicht aus. Das Leben des Dov Bär, seine

Worte und Taten wurden aufgeschrieben, um sein geistiges Erbe weiterzutragen. Der Meseritscher Maggid, dies wurde immer deutlicher erkannt, hatte ein inspirierendes und in sich geschlossenes Gedankensystem entwickelt, das auch den breiten jüdischen Volksmassen sehr zusagte. Große Akzeptanz erfuhr z. B. sein Satz: „Die Kraft des Wirkenden (= Gottes) ist im Gewirkten (= im gläubigen Menschen)" (Dubnow I, S. 150).

Dov Bär entfaltete das Selbstverständnis der Chasidim in einsichtiger Weise weiter. Das Selbstverständnis und die Einflussmöglichkeiten des wahren Chasid umschrieb er so: „Wisse, was über dir ist – will sagen, wisse, dass das, was über dir ist, ganz von dir abhängt" (ebd. S. 151). Wichtig war für ihn auch die Lehre von den „Funken": Die vom Schöpfer herkommenden Funken schlummern in jedem Menschen. Im Zaddik werden sie für die ihm Anvertrauten aktiviert, so dass jeder – ähnlich wie einst Mose – den Berggipfel des Sinai ersteigen und die Offenbarung empfangen kann. So erhielt das theoretische Prinzip des Zaddikismus in der Lehre des „Maggid" eine tiefere Begründung als in der des Bescht: „Der Gerechte ist die Grundlage der Welt" (Prov 10,25). Dieser Grundsatz wurde zum Eckstein der chasidischen Lehre: „Indem der Zaddik das Gebotene erfüllt und gute Werke vollbringt, hebt er die dem Gestein, den Pflanzen, den Tieren und Menschen innewohnenden heiligen Funken empor ... und verbindet dadurch auch das

Äußere der Welt mit seinem gesegneten Namen. Doch wird diese Verbindung erst mit der Ankunft des Messias endgültig hergestellt sein" (ebd. S. 152). Der Maggid betrachtete sich weniger als Jünger des Bescht denn als zumindest zweiten Stifter des Chasidismus.

Der kurz nach Dov Bär wirkende Zevi Hirsch Eichenstein (1763–1833) warf dem Maggid vor, in seinen Äußerungen zu wenig das Geheimnisvolle, Verborgene der Gottheit zu berücksichtigen, wenn er schreibt: „Glaube mir, Bruder, auf solche Wege des Denkens fällt kein Licht. … Er baut auf Spekulationen und Gleichnissen auf, die weder gut noch nützlich sind." Er gebe sich „gewagten Diskussionen" hin, „deren Ergebnisse ein Würfelspiel sind". Man solle „sich von solchen Typen der Spekulation distanzieren, die von philosophischen Spekulationen befleckt sind" (Jacobs 1995, S. 116).

Der Pseudo-Messias Schabbetai Zwi und sein Verkünder Jakob Frank

Die messianische Bewegung des Schabbetai Zwi und in ihrem Gefolge der Übertritt der Frankisten ins Christentum wurden zu schwersten Belastungen für die führenden Personen des Chasidismus – und auch für Rabbi Nachman von Brazlaw.

Schabbetai Zwi (1626–1676) war die Grundfigur des Sabbatianismus, einer mystischen und wirkungsreichen messianischen Bewegung, die geistig-religiös und operativ besonders an der lurianischen Kabbala anknüpfte. Insbesondere die unter Juden (und Christen) weit verbreiteten Endzeiterwartungen waren der Ansatzpunkt. Viele Juden litten damals besonders stark unter der Exilssituation, die auf die „Fußspuren des Messias" hinweise. Nach den Kreuzzügen (1096) und der Vertreibung der Juden aus Spanien/Portugal (1492) gewann diese Deutung noch an Gewicht. Vom Mittelalter bis weit ins 17. Jh. hinein wurde die Sehnsucht nach messianischer Befreiung zu einem Hauptpunkt des religiös-jüdischen Denkens.

Für das messianische Selbstverständnis des 40-jährigen Schabbetai Zwi, des in Smyrna geborenen „Messias", spielte das Jahr 1666 als verschiedentlich vorausgesagter Termin der messianischen Wende eine bedeutsame Rolle. Er hatte sich bereits in verschiedenen Städten, besonders in Kairo, Konstantinopel und Jerusalem bekannt gemacht, als er 1664 mit seinem „Propheten" Nathan aus Gaza zusammentraf und diesen zu seinem theologisch-spekulativen und praktisch-propagandistischen Anwalt machte. Am 31. Mai 1664 proklamierte er sich öffentlich als „Messias des Gottes Jakobs". Das Echo war erstaunlich. Die Diaspora geriet in Erregung. In Venedig, Ungarn, Böhmen, Deutschland (besonders Hamburg), Polen etc. machten sich viele Juden bereit, nach Israel auszuwandern, ins Reich des Messias.

Im Jahr 1666 erreichten die messianischen Unruhen ihren Höhepunkt. Dieses Jahr brachte aber auch eine geistig-religiöse Erschütterung in die sabbatianische Bewegung hinein. Schabbetai Zwi konvertierte in diesem Jahr zum Islam, um der vom Sultan von Konstantinopel angedrohten Todesstrafe zu entgehen. Dies wurde so erklärt, dass der Messias in die Tiefen des Irrtums und der Sünde hinabsteigen müsse, um alle Geschöpfe, in denen sich göttliche Lichtfunken befinden, zu befreien und zu erlösen.

Doch auch nach dem Übertritt des Schabbetai Zwi zum Islam und nach seinem Tod lebte der Sabbatianismus weiter. Die wichtigste Gruppierung war nun die der Frankisten, die sich in der Nachfolge ihres Hauptes, des Jakob Leibowicz Frank (1726–1791), dem Christentum besonders in Polen zuwandten. Wie hartnäckig sich auch innerjüdisch-sabbatianische Tendenzen hielten, zeigte sich an den Auseinandersetzungen zwischen Jakob Emden (1697–1776) und Jonathan Eybeschütz (1690–1767) mehr als ein halbes Jahrhundert später. Als Jakob Emden seinen frankistischen Rivalen im Zusammenhang mit der Besetzung einer Rabbinerstelle im Gebiet von Hamburg mit guten Gründen sabbatianischer Neigungen bezichtigte, entspann sich daraus eine weltweite, an Bannflüchen reiche Kontroverse.

Der Chasidismus des Bescht und seiner Schüler versuchte die Bewegungen des Sabbatianismus, des Frankismus und auch das damals aufkommende

Emanzipationsdenken in den Griff zu bekommen und so das Judentum mit alt-neuer Geistigkeit zu beleben. Dadurch wurde der Chasidismus, ähnlich wie auf christlicher Seite der Pietismus, zu einer religions- und traditionskritischen Reformbewegung. Seine volle Kraft erreichte der Chasidismus dann im letzten Drittel des 18. Jhs. Als Träger von Reform und von Tradition traten die Zaddikim auf, religiöse Autoritätspersonen, um die sich chasidische Konvertikel gruppierten. Sie nahmen nicht nur den Kampf gegen Modernisierer und Verführer zum Glaubensabfall auf, sondern sie führten auch Auseinandersetzungen gegen rabbinische Gegner, die sogenannten Mitnaggedim. Der bedeutendste anti-chasidische Mitnagged war Elia ben Salomo, der Gaon von Wilna (1720–1797), der auch eine Renaissance der rabbinischen Gelehrsamkeit einleitete.

Rabbi Nachman dachte ähnlich wie der Bescht über Schabbetai Zwi, Jakob Frank, Napoleon I. (1769–1821) und den russischen Zaren Alexander I. (1801–1825). Auch über häretische innerjüdische Bewegungen und die Haskala waren beide sich in ihrem Urteil einig. Vermutlich dachte auch Nachman, jetzt sei die endzeitliche Drangsalperiode von „Gog und Magog" (Ez 38–39) angebrochen. Napoleon und Alexander, bzw. Frankreich und Russland, seien die beiden endzeitlichen Zerstörertypen, die sich dann gegenseitig vernichten würden. Und aus der Asche werde der Messias emporsteigen. Nachman war auf politische Neuigkeiten immer sehr neugierig. Wenn seine Schüler ihn besuchten, wollte er von ihnen auch politische Neuigkeiten erfahren. „Die Berichte, die er über Verfolgungen von Juden, Häresien und napoleonische Erfolge erhielt, nährten seinen Glauben, dass die Erlösung bevorstehe" (Green, S. 186). Politisch blieb Nachman aber äußerst naiv. „Er lebte ganz in seinem eigenen mystischen Universum, und er sah das Drama der Erlösung sich in der Welt des geistigen Kampfes zwischen den klassischen widerstrebenden Kräften von Gut und Böse, Israel und den Nationen, abspielen. Wenn auch besondere politische und persönliche Ereignisse zu seinen Lebzeiten sein messianisches Bewusstsein gestärkt haben mögen, blieb der wirkliche Aktionsplan für ihn im Bereich der zeitlosen Welt des mystischen und spirituellen Kampfes" (ebd. S. 204).

III.

Der Erzähler

Die größte Attraktivität, die Rabbi Nachman auf seine Schüler, auf die Vertreter des Chasidismus und auf ein breites Publikum ausgeübt hat, beruht auf seiner Fähigkeit, eigene Erlebnisse und Probleme erzählerisch wiederzugeben und Glaubensüberzeugungen in eigens dafür erfundene „Stories" einzufassen. Hier sollen nun Erzählungen wiedergegeben werden, die sowohl die poetischen Fähigkeiten Nachmans beleuchten als auch sein Denken enthüllen. Besser als aus abstrakten Sätzen leuchtet aus ihnen die Klarheit der biblischen, rabbinischen und kabbalistischen Lehren und Verpflichtungen. Laut Chay 594 sagte Rabbi Nachman zu seinem Freund und Helfer Rabbi Nathan von Nemirov, alle seine religiös verpflichtenden Lehrvorträge (tôrôt) seien „wie ein Palast, den jemand betrete, und in dem sich sehr schöne, wunderbare und ehrfurchtgebietende Vorhallen, Hallen, geheime Türen und Zimmer befinden, Stockwerk über Stockwerk, alles in einem einmaligen Stil. Sobald man einen Raum betreten hat und sich darin umschaut, staunt man über das wunderbar Neue, das darin ist. Und so geht es in jedem Zimmer, auch im oberen Stockwerk. Alle Zimmer sind für die anderen durch Türen und Fenster offen. Sie sind miteinander beziehungsvoll verbunden durch eine wunderbare Ordnung, durch tiefe Weisheit und durch vollkommene Schönheit und Anmut". Nachman pflegte also die Schönheit und Klarheit der Sprache. Sein Vergleichsdenken dient aber nicht in erster Linie der Literaturästhetik, sondern der Auffrischung jüdischer Erwählung, Verpflichtung und Zukunft.

Das Gleichnis vom unverschämten Prinzen

Nachmans „Gleichnis vom unverschämten Prinzen" findet sich in Schivche II 29: „Es war einmal ein König. Er liebte einen jungen Prinzen und war ihm sehr zugetan. Er zog ihn mit aller Art von Liebe und Zuneigung an sich. Aber später, als der Prinz erwachsen war, benahm er sich unverschämt gegen den König. Da sagte der König: Wisse, obwohl ich dich sehr liebe, kann ich unmöglich Recht und Gesetz des Königreichs übertreten. Dein Urteil lautet auf Tod!" Im Gefängnis, dem Vorort vor der Hinrichtung, kam der Prinz zur Einsicht, dass sein Tod dem liebenden Vater-König schwersten Kummer bereiten werde. Er entschloss sich daher, ihn von diesem Kummer zu erlösen. Kränkung und Kummer seien ja wie der Tod, also leide der Vater mehr als der zum Tod verurteilte Sohn. Der Prinz bat daher, vor den Vater-König geführt zu werden. Er schlug dem Vater vor, dass ein bereits zum Tod Verurteilter gegen ihn (den Sohn) aufgehetzt werde und dass dieser Todeskandidat dann auch wegen Hetzerei gegen den Prinzen hingerichtet werde. „Und die Leute werden denken, der Räuber sei deshalb getötet worden, weil er den Königssohn beschimpft habe. So werde die Ehre des Königreichs und seines höchsten Würdenträgers nicht entweiht. – So verachtet manchmal jemand den Zaddik. In Wahrheit aber übt der Verächter damit eine große Wohltat dem Zaddik gegenüber aus, denn er entsühnt an ihm (mekhapper), wofür der Zaddik des Todes schuldig gewesen wäre, und das Todesurteil wird wegen Kränkung umgewandelt. … Deshalb lässt Gott gegen den Zaddik einen solchen Menschen aufstehen, der bereits des Todes und der Bestrafung schuldig ist und lässt die beiden in einer Herberge zusammentreffen (bMakk 10b). Der des Todes Schuldige beschimpft den Zaddik, wodurch dieser von seiner Verurteilung frei wird. Der Beschimpfer wird dann bestraft, wodurch auch der Name Gottes geheiligt wird (bYev 79a). Denn um der Ehre des Zaddiks willen wurde er bestraft. Aber in Wahrheit wurde ‚ein zum Tode Verurteilter getötet' (bSan 71b), denn er war schon vorher der Strafe verfallen …"

Dieses Gleichnis des Rabbi Nachman wird bis heute verschieden interpretiert. Einig sind sich aber alle Interpreten darüber, dass es sowohl Rabbi Nachmans Selbstverständnis wiedergibt als auch ein Glaubens-Lehrstück für andere sein will. Rabbi Nachman war moralisch ein feinsinniger Mensch, der sich lange Zeit von den sexuellen Sünden seiner Entwicklungsjahre belastet fühlte: Vergeudung des männlichen Samens, sexuelle Fantasien etc. Wenn diese „Todsünden" von Gott nicht verziehen werden, dann kann Rabbi Nachman kein Segen, kein Tikkun für die Welt und kein gottgefälliger Mensch sein (vgl. Cunz, S. 71–77). Im Gleichnis vom unverschämten Prinzen kann der schuldige Prinz seine eigene Schuld auf einen noch stärker Schuldigen abladen, nachdem er sich zuvor mit seinem Vater versöhnt hatte. Die Todesstrafe gegen den königlichen Prinzen wird damit aufgehoben.

Ob das Gleichnis primär auf Nachman gemünzt war oder ob es mehr ein Lehrstück für andere darstellt, das ist hier zweitrangig. Die allgemein gültige Grundidee ist die Hauptsache: Der herrschende und richtende Gott akzeptiert Verzeihungswünsche und Besserungsvorsätze. Schwere Vergehen seelischer oder leiblicher Natur werden von Gott mit menschlicher Mithilfe auf Orte oder Menschen hingeworfen, die sich ohnehin schon in der Welt der Verderbnis befinden. Die Geschichte vom unverschämten Prinzen ist somit ein Versuch, die Erlösung des gerechten und doch sündigen Menschen zu deuten. Bei reuiger Einsicht und beim Vorsatz, sich zu bessern, wird das belastende Böse von Gott „weggeworfen", hin zu einer Person, die vom Bösen bereits ganz und gar „durchkrebst" ist. Sünde und Schuld sind also nicht nur geistige Dinge, sondern auch physisch-psychisch belastendes Material, das vom König-Gott weggeschafft wird.

Die Erzählung von den sieben Bettlern

Die vielen Erzählungen, die Rabbi Nachman für seine Vorträge ausgestaltet hat, waren in seinen Augen Teile des Tikkun Hakelali, also der Wiederherstellung der vollkommenen, von Rissen und Ungerechtigkeiten gereinigten Schöpfung. Besonders in seinen letzten Lebensjahren war Nachman darauf aus, Geschichten zu erzählen, die zu neuen, aktuellen Offenbarungsinhalten führen sollten. Er war davon überzeugt, dass auch das Erzählen heilsträchtiger Geschichten zu den Aufgaben des Messias gehört. Und mehrere dieser Geschichten verdienen einen Platz in der Literaturgeschichte Osteuropas, denn Rabbi Nachman konnte scharfsinnig und fantasievoll denken, sprechen und kombinieren. Unvermittelt mischt er seine eigenen Lebenserfahrungen und Glaubensüberzeugungen in die Geschichten hinein.

Hier wird nun die längste und mit den meisten Zwischengeschichten verbundene Erzählung des Rabbi Nachman teils wörtlich wiedergegeben, teils zusammenfassend nacherzählt: die im April/Mai 1810 vorgetragene Erzählung von den sieben Bettlern (vgl. Brocke 1985, S. 207–236 und S. 288–296; wörtliche Zitate im Folgenden nach Brocke).

Den Rahmen der Erzählung bildet einerseits das Thema der feierlichen Übergabe der königlichen Macht an seinen Erbprinzen und anderseits das Unglück, das in das Reich des Sohnes eindrang, das aber schließlich doch zu vielen Freuden führte. Eine Seite dieses Unglücks war der immer mehr erstarkende Unglaube, der auch den Köngissohn erschütterte. Auf der anderen Seite geht es um einen vier- bis fünfjährigen Buben und um ein gleichaltriges Mädchen. Die beiden waren bei einem Angriff der Ungläubigen auf die Gläubigen in einen Wald geflohen und litten unter Hunger und Durst. Vorläufig aber waren sie dem jungen König noch unbekannt.

Bei der feierlichen Übergabe der Herrschaft sagte der König zu seinem Sohn, als Sternkundiger sehe er, „dass du eines Tages deine Herrschaft abtreten wirst. Sieh darum zu, dass du nicht der Traurigkeit verfällst, auch wenn du die Herrschaft verlierst. Sei nur immer fröhlich. Wenn du fröhlich bist, will auch ich fröhlich sein. Selbst wenn du traurig sein solltest, will ich doch fröhlich sein – darüber, dass du nicht mehr König bist. Denn bist du nicht fröhlich, so bist du unwürdig, König zu sein. Wirst du aber fröhlich sein, so werde ich mich wirklich und wahrhaft freuen" (207).

Sieben Helfer kamen nun in Abständen zu den hungrigen und verirrten Kindern: ein blinder Bettler, ein tauber Bettler, ein Stotterer-Bettler, ein Bettler mit verdrehtem Hals, ein buckliger Bettler, ein Bettler ohne Hände und ein Bettler ohne Füße. Der fußlose Bettler spielt in der weiteren Erzählung dann keine Rolle mehr. Die ersten sechs Bettler aber werden wegen ihrer Taten der Hilfe aus Hungersnot und Hilflosigkeit breit geschildert.

Die Bettler und die Kinder

Den hungernden, schreienden und im Wald umher-
irrenden Kindern begegnete zuerst ein blinder Bettler, der Beutel mit Esswaren bei sich hatte. Sie wollten sich ihm anschließen, wunderten sich aber, dass
er als Blinder seinen Weg kannte. Der Blinde aber
lehnte die Führung ab und segnete die Kinder mit
den Worten: „Ihr sollt so sein wie ich. Ihr sollt so alt
werden wie ich! Er gab ihnen Brot und ging weg. Die
Kinder erkannten, dass der Name, Er sei gepriesen,
für sie gesorgt und ihnen einen blinden Bettler ge-
sandt hatte, damit dieser ihnen Brot gebe" (209). Bei
erneutem Hunger und nach Hilferufen der beiden
kommt ein tauber Bettler, der die Kinder ebenfalls
mit Segen und Brot beschenkt. Dasselbe wiederholt
sich beim stotternden, krummhalsigen, buckligen,
händelosen und fußlosen Bettler. Jeder gibt den Kindern Brot, segnet sie und wünscht, dass sie so werden wie er.

Hochzeit der Kinder

Nach der Speisung und Segnung durch die sieben
Bettler gelangen die Kinder in eine bewohnte Gegend. Sie gehen von Dorf zu Dorf und erhalten dort
die notwendigen Speisen. Sie wollen beisammen
bleiben, um ihr Leben gemeinsam fristen zu können. Sie gehen von einem jüdischen Fest zum andern und mischen sich dabei unter die übrigen Bett-

ler. Und alle Bettler erkennen sie wieder als jene Kinder, die früher hungrig im Wald umhergeirrt waren.

Eines Tages kommt die Gemeinschaft der Bettler auf die Idee, die beiden Kinder miteinander zu verheiraten. Am Fest des Geburtstages des Königs erbetteln die Bettler Nahrung vom Königstisch und feiern in einer ausgehobenen Grube das Hochzeitsfest mit den beiden inzwischen erwachsenen Kindern.

Bei dieser Hochzeitsfeier, die einen Höhepunkt der nachmanischen Erzählung bildet, wünscht sich das frischvermählte Paar ein Wiedersehen mit den Bettlern, die ihnen Segen und Brot gespendet hatten. Außer dem Bettler ohne Füße kommen alle, gratulieren dem Paar und geben dabei ihre wahre Identität kund: Ihre Gebrechen sind keine nur äußere Realität, sondern ein Ausdruck ihrer inneren religiösen Sendung zur Gewinnung der Menschen für Gott und für Seine Pläne mit dem Volk Gottes. Außerdem erzählen alle in rätselhafter Weise von ihren frühesten Erinnerungen bei ihrem Werden als Menschen. Der blinde Bettler sagt: „... ich bin zu eurer Hochzeit gekommen, und ich mache euch zum Geschenk, dass ihr so alt werdet, wie ich es bin. ... Ihr meint, ich sei blind. Keineswegs, ich bin nicht blind, doch die ganze Welt ist mir keinen Augenblick wert. Ich bin sehr alt und bin dennoch ganz jung, ich habe noch kaum angefangen zu leben und bin dennoch sehr alt. Das sage ich nicht aus mir selbst, sondern mit der Beglaubigung durch den großen Adler." Dann erzählt er eine Geschichte „aus den Anfängen seines Gedächtnisses". Der rätselhafte Hauptsatz lautet: „Ich erinnere mich noch, wie man den Apfel vom Zweig geschnitten hat" (211 f.).

Rabbi Nachman:
siebenfältiger Bettler und Lehrer

Der Rätselsatz des ersten Bettlers und Helfers bildet Rabbi Nachmans Motivation, um sieben anwesende alte, weise Leute über ihre ersten Erinnerungen bei ihrem Werden als Menschen zu Wort kommen zu lassen. Einer sagt, er erinnere sich daran, dass bei seinem Werden das Licht leuchtete. Ein anderer Alter sagt, er wisse noch, wie er sich als Leibesfrucht zu formen begann. Ein weiterer erinnert sich daran, wie der Kern (= der Same des Vaters) gebracht wurde, um die Frucht in den Mutterleib hineinzupflanzen. Einer erinnert sich sogar an die vor-urzeitlichen Weisen, die den „Kern" (des Menschen) ausgedacht und damit mit-erfunden haben. So gehen die Aussagen über die ursprünglichsten Momente und Möglichkeiten des Menschseins weiter: Erinnerungen an den Geschmack der Frucht im Mutterleib und an den Duft der Frucht vor ihrem Hineingelangen in den Mutterleib. Die zentrale Pointe der Erinnerungen wird aber schließlich von dem blinden Bettler vorgetragen, mit dem sich

Rabbi Nachman identifiziert: „Ich erinnere mich an all diese Begebenheiten, und ich erinnere mich an gar nichts (oder: an das Nichts)" (213).

Schließlich deutet der „große Adler" die mysterialen Urerinnerungen, wobei er einen besonderen Akzent auf die Aussagen der beiden letzten weisen Erzähler legt: „Und der sechste erinnert sich noch des Geschmacks – das ist der Lebensodem. Und der Geruch, das ist der Geist, und die Gestalt, das ist die höhere Seele. Und der Letzte sagte, er erinnere sich an gar nichts – denn er … ist größer als sie alle und erinnert sich sogar dessen, was vor Odem, Geist und Seele war. Darum erinnert er sich an das Nichts. Zu mir (dem blinden Bettler) sagte er (= Rabbi Nachman): Du, komm mit mir, denn du bist wie ich. Du bist sehr alt und doch ganz jung. Du hast kaum angefangen zu leben und hast doch höchstes Alter. So bin auch ich – ich bin sehr alt und zugleich ganz jung! Ihr seht, die Beglaubigung dessen, dass ich sehr alt und zugleich ganz jung bin, stammt vom großen Adler. Und heute mache ich es euch wirklich und wahrhaft zum Geschenk: Ihr sollt so alt werden wie ich. Große Fröhlichkeit kam über sie und große Freude herrschte bei ihnen allen" (214 f.).

Nach dem blinden Bettler enthüllt auch der taube Bettler seine wahre Identität. Er sei nicht taub, jedoch: „Die ganze Welt ist es mir nicht wert, dass ich ihre Mängel hören wollte, denn ich lebe ein gutes Leben, das keinen Mangel kennt" (215). Dann erzählt der taube Bettler – mit dem sich

Nachman wiederum identifiziert – die Geschichte seiner Lebenserfahrungen mit Mitmenschen. Zunächst erzählt er ein Gleichnis, und dann beginnt er von einem Garten zu reden, dessen Gärtner sich davongemacht hatte und der deshalb verlotterte und verwilderte und trotzdem noch Lebensunterhalt für die Leute der Umgebung liefern konnte. Das Gleichnis lautet: Ein grausamer König gab drei Gruppen von Knechten den Befehl, die Früchte des Gartens stinkend zu machen. Dies gelang. Als der taube Bettler mit verschiedenen Leuten den Garten besuchte, berieten sie, wie man den stinkenden Garten wieder fruchtbar und wohlriechend machen könnte. Sie machten sich auf den Weg, um reiche Leute für diese Aufgabe zu finden. Der hinter dem tauben Bettler versteckte Rabbi Nachman bot sich an, mit ihnen in eine Stadt zu gehen und dort nach Unterstützung zu suchen. Als er aber mit seiner Gruppe in eine Stadt kam, traf er auf eine Gruppe von Leuten, die einander unkeusche Witze erzählten und sich darüber laut amüsierten. In einer andern Stadt erlebte die Besuchergruppe gegeneinander prozessierende Menschen, „bis die Stadt endlich voller Gerichtshöfe war". Keine der sündigen Gruppen – weder die witzelnden Erzähler über Ehebruch, noch die Bestechlichen, noch die Streithähne – merkten etwas von der stinkenden Epidemie. Rabbi Nachman erinnerte die Stadtbewohner nun daran, dass die drei Sünden – Unzucht, Ungerechtigkeit und Bestechlichkeit – die Ursache für die Verstinkung des Gartens und der Luft seien. „Darum seht zu, dass ihr das Land von diesen drei Sünden frei macht. Ergreift die Knechte und vertreibt sie. Wenn ihr das tut und euer Land von diesen Sünden reinigt, so wird nicht allein euer Schmecken, Sehen und Riechen wieder heil, sondern auch der Gärtner, der auch verlorenging, wird gefunden werden" (219). Der Kampf um die gute Luft und die guten Sichtweisen wurde dann geführt und alles wurde vorläufig wieder gut und rein. Rabbi Nachman fügt dieser Erzählung noch folgende Schlussbemerkung an: „So habe ich die Beglaubigung von dort, dass ich das gute Leben lebe, denn ich habe das Land geheilt" (219). Darob entstand große Freude.

Auch den Stammler-Bettler wünscht sich das Hochzeitspaar herbei, und er kommt sogleich. Zur Begrüßung sagt er unter anderem: „Ich bin kein Stotterer. Im Gegenteil, ich bin ein so vortrefflicher Dichter und Redner, dass es etwas ganz Besonderes ist. Wenn ich in Gleichnissen und Liedern zu reden beginne, dann gibt es kein Geschöpf auf der Welt, das mich nicht hören möchte. In meinen Gleichnissen liegt alle Weisheit und Wissenschaft" (220).

Nach einer kurzen Polemik gegen jene Weisen, die allzusehr ihre eigene Person hervorkehren, leitet Rabbi Nachman zu einem kurzen, von Num 20 her inspirierten Vergleich mit langer Anwendung über: „Es gibt einen Berg. Auf ihm steht ein Stein. Aus dem Stein entspringt ein Quell. … Alle Dinge haben ein Herz, und auch die ganze Welt hat ein Herz. Das Herz der Welt sieht aus wie ein Mensch. Es hat Gesicht, Hände, Füße usw. Noch der Zehennagel des Herzens der Welt hat mehr Herz als jegliches andere Herz. ... Das Herz steht dem Quell gegenüber. Immer sehnt es sich danach, zum Quell zu kommen. ... Auch den Quell verlangt es nach dem Herzen" (221). Das Herz steht immer in Gefahr, nicht zur Quelle zu gelangen. Einerseits wird es zu sehr von der Sonne zermürbt. Andererseits wird es durch sein Schreien nach den Wassern des Quells übermüdet. „Wenn das Herz einmal Ruhe braucht, um Atem zu schöpfen, fliegt ein großer Vogel herbei, breitet seine Flügel über ihm aus und beschirmt es vor der Sonne. Dann ruht das Herz ein wenig. Doch selbst wenn es ausruht, blickt es bangend dem Quell entgegen. ... Sobald das Herz sich dem Berg nähern will, wo der Quell ist, sieht es schon seinen Gipfel, aber den Quell nicht mehr. Schaut es aber nicht auf den Quell, muss es vergehen, denn alle Lebendigkeit des Herzens kommt allein vom Quell her. Und wenn das Herz – behüte! – verginge, würde die ganze Welt zerstört, denn das Herz ist die Lebendigkeit aller Dinge" (222).

Auch der sodann herbeigerufene Bettler mit dem verdrehten Hals ist so anregend, dass er die Hochzeitsgäste in mystische Höhen führt. Er entpuppt sich als Mensch, der sich von der vergänglichen Nichtigkeiten der Welt distanziert hat. In diesem Zusammenhang werden noch zwei Gleichnisse erzählt, eines über pfeifende Vögel, die durch harmonische Töne zueinander finden, und eines über Musiker, die in ihren Klängen miteinander harmonisieren. Wiederum wird deutlich, dass sich Rabbi Nachman auch selbst als mysterialer Bettler, Singvogel und Musikant mit seinen Idealen und Aufgaben versteht und darstellt. Auf die Frage, ob er fähig sei, die ihm anvertrauten klagenden Menschen zu heilen, antwortete Nachman: „Ja, ich kann heilen, denn ich kann alle Stimmen der Welt nachahmen. Ich kann auch Stimmen weit werfen. Da, wo ich die Stimme hervorbringe, ist nichts zu hören. Doch weit davon entfernt, wird man die Stimme vernehmen" (226).

Der dann herbeigerufene bucklige Bettler sagt zunächst: „Ich bin keineswegs bucklig. Im Gegenteil, ich habe Schultern, die sind wie das ‚Wenige, das das Viele fasst'" (227). Der sprichwörtliche Ausdruck vom „Wenigen, das das Viele fasst" meint in chasidischen Kreisen das Studium der Tora und der Tradition, die Einflusskraft, die Arbeitslast und die daraus resultierenden Wirkungen der Belehrung, Verkündigung, Aufmunterung und Hilfeleistung.

„Das Wenige, das das Viele fasst" wird dann in Gesprächen inhaltlich gefüllt. Das kleine Hirn des Menschen, geringer Landbesitz und die vielen dem König vorgetragenen Anliegen weisen auf eine kleine, umfangsarme Geschöpflichkeit hin, aus der und mit der Großes entstehen kann. Ein Gesprächspartner sagt schließlich, er selbst sei ein „Weniges, das das Viele fasst". Er sei klein, er geleite aber einen dicken Blinden durch das Leben (229).

Nach diesem kabbalistisch-theologischen Ausflug wendet sich der sich mit dem buckligen Bettler identifizierende Rabbi Nachman dem kabbalistischen Bild vom Baum zu, unter dessen Schatten alle Tiere und auf dessen Zweigen alle Vögel ruhen können. Wo ist dieser Baum? Ein weiser Mann sagte: „Niemand kann zum Baum kommen, der nicht auch die Eigenschaften des Baumes besitzt. Er hat drei Wurzeln: Glaube, Gottesfurcht und Demut. ... Der Baum selbst ist die Wahrheit ..." (230). Aber nicht alle Menschen gelangen in den Besitz der Wahrheit und zum Ausruhen bei und in der Wahrheit. Bei dieser Feststellung kommt es zu einem „Deute-Klick": „Der Baum hat keinen Ort, da er seit je höher steht als jeglicher Ort. Das ‚Wenige, das das Viele fasst' aber ... befindet sich an einem Ort und nimmt ihn ein, wenn auch nur ganz wenig. Ich aber habe ein ‚Weniges, das das Viele fasst'. ... Darum kann ich euch alle zu dem Baum tragen, der jenseits allen Ortes ist" (231). Er (der Bucklige bzw. Rabbi Nachman) trug die Anwesenden dann hinüber zu dem Baum, und „bei allen kam große Fröhlichkeit und Freude auf" (232).

Der Baum der Wahrheit ist die von Gott getragene und umhüllte jüdische Gebets- und Opfergemeinschaft. Rabbi Nachman betrachtete sich als verkündigend-anbetenden Repräsentanten des göttlichen Baumes und als Leiter seiner Bewohner und Schutzsuchenden.

Am sechsten Tag der Hochzeitsfeier erscheint der Bettler ohne Hände. Alle Umstehenden rühmten sich ihm gegenüber der Kraft ihrer Hände. Ihnen erzählt der händelose Bettler bzw. Rabbi Nachman das Gleichnis von einem König, der eine Königstochter mit einer List als seine Frau gewann. Als beide bereits zusammenlebten, träumte der König eines Nachts, seine Frau wolle ihn töten. Die Traumdeuter bestätigten dann dem König, dass sich dieser Unheilstraum erfüllen werde. Von diesem Moment an herrschten zwischen Königsmann und Königsfrau Misstrauen und Hass. Schließlich floh die Königstochter in die Nähe eines Wasserschlosses. Als sie dann merkte, dass die Soldaten des Königs sie einfangen wollten und dass zehn Pfeile gegen sie geschossen wurden, floh sie ins Königsschloss hinein, obwohl sie wusste, dass sie in dem darin befindlichen Wasser ertrinken könnte. Ohnmächtig blieb sie im Schloss liegen. Aber die sie verfolgenden Soldaten ertranken samt ihrem königlichen Anführer. Rabbi Nachman, der sich wiederum hinter der Erzählung verbirgt, sagte daraufhin: „Ich aber heile sie. … Ich kann durch alle zehn Mauern gehen und kann alle zehn Pfeile aus ihr wieder zurückholen. Ich vermag die Königstochter durch alle zehn Melodien zu heilen. … Das ist die Kraft meiner Hände" (235 f.).

Dieses letzte Gleichnis von der ins Wasserschloss fliehenden Königin richtet sich wohl gegen Juden, die zum Christentum konvertiert waren. Rabbi Nachman hat zwar keine Hände und damit keine Macht-mittel, um die ins Taufwasser-Schloss fliehenden Ju-den zurückzuholen. Aber es gelingt ihm doch, sie (oder einen Teil von ihnen) in letzter Sekunde vor dem geistigen und religiösen Tod zu retten.

Die Erzählungen des Rabbi Nachman sind voller Überraschungen, Spannungen und Deutungen. Lei-der kann hier auf die außerordentlich geistreiche gleichnishafte Erzählung „Vom Königssohn und dem Sohn der Magd, die vertauscht wurden" (vgl. Brocke, S. 141–159; S. 282–284) nur noch kurz eingegangen werden. In dieser Geschichte werden eingangs eine Königin und eine Magd geschildert, die gleichzeitig einen Sohn gebaren. Heimlich vertauscht die He-bamme die beiden Kinder. Der Sohn der Magd wird als Königssohn groß gezogen, während der wahre Kö-nigssohn das Leben als Knecht führen muss. Nach vielen Schicksalsschlägen, Irrwegen und Feindschaf-ten kommt schließlich die Wahrheit ans Licht und der wahre Königsohn wird zum königlichen Hoff-nungsträger. Er kann sein Amt aber erst antreten, nachdem er den für ihn bestimmten Königsthron ge-nau beobachtet hat und dabei festgestellt hat, was an ihm noch fehlerhaft war. Mit dieser Erzählung signa-lisiert Rabbi Nachman die Erwählung Israels als Volk Gottes und die ungerechten, anti-israelitischen Er-wählungsansprüche der Völker der Welt. Mögen die Völker, die Nachkommen Esaus, Israel verleumden, unterdrücken – am Ende wird das Bundesvolk Gottes gerechtfertigt dastehen.

IV.

Messianische Impulse

Erneuerer zum Frieden

In den „Gesammelten Gebeten" findet sich ein Gebet des Rabbi Nachman von Brazlaw zum Gott des Friedens (I, 95). Darin ringt Nachman um die Überwindung der Zerrissenheiten in den jüdischen Gemeinschaften und um die Errichtung einer endgültig idealen Zukunft des Volkes Gottes:

„Herr des Friedens, König, dem der Friede zu eigen ist, der Frieden schafft und alles erschafft. Hilf uns und erlöse uns alle, damit wir immer würdig sind, uns am Maß des Friedens festzuhalten. Dann wird in Wahrheit großer Friede sein zwischen jedem Mann und seinem Gefährten und zwischen dem Mann und seiner Frau. Es wird kein Streit mehr sein, auch kein Streit im Herzen – bei keinem Menschenkind mehr! Du schaffst Frieden in deinen Höhen, und du bindest zwei gegensätzliche Elemente – Feuer und Wasser – harmonisch zusammen. Durch innere Wunder schaffst du Frieden zwischen ihnen! Breite so auch großen Frieden über uns und über die ganze Welt aus, sodass alle Gegensätzlichkeiten durch großen Frieden und durch große Liebe zur Einheit werden. Und alle werden in einer Erkenntnis und in einem Herzen zu einer Ganzheit werden, um in Wahrheit an dich und deine Tora angenähert zu werden. Und alle werden eine Schar der Einheit ('agguda 'achat) werden, um deinen Willen mit vollkommenem Herzen zu erfüllen! Herr des Friedens, segne uns mit Frieden!"

Das Wort „Messias" kommt in diesem Gebet nicht vor. Es geht aber um endgültige Anliegen zur Reform und zur Neugestaltung des Volkes Israel und der Völker der Welt. Der vom Gott des Friedens kommende Friede wird die umfassende Urkraft für das endgültige Reich des Friedens sein. Derzeit herrscht aber auch im Judentum Streit. Gott, der endgültige Bewirker des Friedens, hat jedoch bereits in Ägypten den Israeliten gezeigt, dass er Hagel und Feuer, das heißt gegeneinander kämpfende Kräfte, in die friedliche Gemeinsamkeit hineinführen kann und will. Laut Ex 9, 24 ließ Gott Feuer und Wasser gegen die israelitischen Feinde niederprasseln. Diese beiden gegensätzlichen Werkzeuge Gottes zur Bestrafung der Frevler arbeiteten zusammen und ergänzten einander, um Israel vor den inneren und äußeren Feinden zu retten. Dieses Zusammenwirken von Feuer und Wasser, die sich eigentlich gegenseitig abstoßen, wird im rabbinischen Schrifttum als „Wunder im Wunder" bezeichnet.

Sowohl diese Deutung der Befreiungsgeschichte Israels als auch mehrere Begriffe in diesem Gebet weisen auf den noch zu durchwandernden Weg hin zum vollkommenen, vom Frieden geprägten Israel. Der sich als Zaddik und als messianischer Wegbereiter wissende Rabbi Nachman wollte „wirklich Zukunft aus der großen Tradition des Judentums eröffnen". Aus diesem Grund hat er sich „zum Kristallisationspunkt jüdischer Überlieferung gemacht. Als ,Zaddik der Generation' sah er sich selbst als die Tora in Person. Nicht Lehre allein, sondern die Lehre in Person konnte das Judentum in eine Zukunft zerbrochener Überlieferungen führen. Mit ihr wollte er für den in Schöpfung und Geschichte abwesenden Gott bürgen und das Kommen des Messias offen halten. … Nachman wollte ein Antizaddik sein, um das Feuer jüdischer Überlieferung zum Messias hin nicht zu ersticken. Er tat dies, indem er sich selbst zum Superzaddik erhob, gleichsam zum Messias vor dem Messias. … Denn nur so konnte Raum geschaffen werden für den Messias, für den Nachman vor dem jüdischen Volk einstehen wollte" (Cunz, S. 3).

Diese Deutung ist in mehreren Punkten noch zu erweitern. Martin Cunz hat dies im Verlaufe seiner erstklassigen Untersuchung auch selbst getan. Nachman dachte nie nur messianisch, sondern daneben immer auch – ganz im Sinne der Kabbala – schöpfungstheologisch. Er litt gleichsam mit dem Schöpfergott darunter, dass vieles in der Schöpfung zerbrochen und verwüstet ist. Die falschen Messiasbewegungen des Schabbetai Zwi und des Jakob Frank, der neu aufbrechende Atheismus, die Bewegung der Aufklärung und die Feindschaften zwischen den Zaddikim zählten für ihn zu den Zerbrochenheiten in der Schöpfung. Im Zusammenhang mit den ihre erneuernden Aufgaben schlecht anpackenden Zaddikim heißt es in Lik II 52: „Einwände gegen die Zaddikim müssen sein, denn die Zaddikim ahmen ihren Schöpfer nach. Wie es Einwände gegen Gott gibt, gibt es notwendigerweise Einwände gegen den Zaddik, denn er ahmt Gott nach." Rabbi Nachman deutete seine nicht perfekt erfüllbaren Aufgaben also als mitarbeitende Nachahmung Gottes. Es ging ihm aber nicht nur um eine geordnete gemeinschaftlich-jüdische Lebensweise in seiner Umgebung, sondern hauptsächlich um das möglichst baldige Ende der jüdischen Exilssituation und um den Gnadenzusammenhang des ganzen jüdischen Volkes mit der irdischen Wohnstätte Gottes im Land Israel. In Lik I 7 lesen wir: „Wisse, dass die Galut hauptsächlich wegen des Mangels an Glauben da ist. … Die Hauptsache des Glaubens ist das Gebet als Kraftquelle für Wunder. Dieses ist nichts anderes als das Land Israel." Diese Sätze prägte er 1803 nach dem ersten (verlorenen) Streit mit Arye Löb in Zlotopolye.

Das Gebet und die damit verbundene Wiedervereinigung des Judentums mit dem Land Israel waren also seine wichtigen Verkündigungen und Wiederherstellungskategorien.

Der Zaddik: Wegweiser

Der Zaddik (plur.: Zaddikim; anderer Name Chakham/Chakhamim: Weiser) ist ein gerechter und weiser Mann, der im Rahmen des israelitischen Gottesvolkes wirkt. Er ist Gott und dem Volk gegenüber hörsam, aufrichtig, klar und gerecht. Zu seinen Glaubensgefährten benimmt er sich hilfreich und korrigierend. Er ist auch bereit, als Verfolgter, Verleumdeter und Märtyrer zu sterben. Alle Verheißungen Gottes trägt er in sich und gibt sie an sein Volk weiter.

Das häufigste Wort der Bibel, das zur Charakterisierung des Zaddik/Chakham zitiert wird, ist Prov 10,25: „Der Gerechte ist die Grundlage der Welt (yesôd 'ôlam).“ Dieser Vers kann auch übersetzt werden: „Der Gerechte ist festgegründet für immer.“ Für Rabbi Nachman waren beide Übersetzungen identitätsbestimmend. Er verstand sein Leben und Wirken als grundlegend für die gegenwärtige und zukünftige Erneuerung Israels und für die Wiederherstellung der Welt. Er und andere Zaddikim zogen aber auch Prov 10,7 bei: „Das Andenken an den Gerechten gereicht zum Segen, der Name der Frevler aber vermodert.“ Seiner Erfahrung nach gab es damals schlechte Zaddikim, die Verführer des Volkes Gottes waren. Er wusste sich dazu verpflichtet, gegen sie anzukämpfen.

Der Zaddik ist keine isolierte Figur, sondern ein die jüdische Tradition gut kennender Mithelfer seiner Glaubensgefährten und ein personales Gefäß, das die heilige Gerechtigkeit Gottes zu den Israeliten hin ausstrahlt. Dies wird seit biblischer, qumranischer und frührabbinischer Zeit aus Jes 60,21 abgeleitet: „Dein Volk besteht aus lauter Gerechten. Für immer werden sie das Land besitzen: als aufblühende Pflanzung des Ewigen, als Werk seiner Hände, durch das Er seine Herrlichkeit zeigt.“

Laut babylonischem Talmud (bSan 97b) gibt es in jeder Generation 36 Gerechte/Zaddikim, um derentwillen ganz Israel in der betreffenden Generation vor Abfall und Zerstörung gerettet wird. Dies wird im babylonischen Traktat Sanhedrin 97b aus Jes 30,18 herausgelesen: „Glücklich sind jene, die auf ihn (= Gott) harren." Der Ausdruck „ihn (lô)" hat den Zahlenwert 36. Als ähnlich wichtig und ergänzend wurde Gen 15,6 beigezogen: „Abraham glaubte dem Ewigen, und der Ewige rechnete es ihm (lô; der Zahlenwert ist wiederum 36) als Gerechtigkeit (zedaka) an."

Jeder der 36 Gerechten einer Generation, also jeder Zaddik, ist also (auch) ein wieder aufgelebter, neu-präsenter Abraham. Als solcher ist er ein in der wahren und wirkungsvollen heiligen Traditionsgemeinschaft befindlicher und weiser Kraftspender des Glaubensgutes der Israeliten. In Lik 64,3 werden die Aufgaben des Zaddik in der damaligen Gegenwart abrahamisch/mosaisch so umschrieben: „Ein großer Zaddik, der dem Mose entspricht, muss sich in der Tat in die Lehren der Häresie (apikorsut) vertiefen. Und wenn sie (= die darin aufgeworfenen Fragen) auch nicht gelöst werden können, führt der Zaddik doch durch seine Vertiefung in die Häresie Seelen herauf, die in sie hinabgefallen und versunken waren." Martin Cunz gibt dazu folgende zugespitzte Interpretation: „Nachman ‚isst' tatsächlich von der Häresie, er wird sogar zutiefst von ihr geprägt. Das zeigen auch seine Lehren, die den Prozess der Rückführung sabbatianischer Lehre in Tora widerspiegeln. Es unterscheidet ihn von den Abgefallenen und von den Treuegebliebenen lediglich, dass er weiß, dass sich alle – Apostaten und Toratreue, chasidische Zaddikim inbegriffen – in einer Welt des Abfalls befinden und an dieser Tatsache nicht vorbeikommen" (Cunz, S. 35).

Rabbi Nachman wusste sich spirituell nicht nur mit Abraham und Mose verbunden. Bereits in der Einführung zu diesem Buch wurde auf Chay 279 hingewiesen, wonach er sich insbesondere auch in der personal verbundenen Wirkungslinie der kabbalistisch-mystischen Tradition sah. Als Verbindungs-Stichwort benützte er den zentralen Erneuerungsbegriff „Chiddusch". Der Zaddik, den er selbst repräsentierte, ist für ihn eine vom Geiste Gottes inspirierte Persönlichkeit, die biblische, talmudische und mystische Aussagen über die Offenbarung Gottes für neue Zeiten und vor allem für die Endzeit anzupassen und attraktiv zu machen weiß. Nachman sah sich daher in einer Linie nicht nur mit Abraham und Mose, sondern auch – und vor allem – mit Schimon bar Jochai, Isaak Luria und dem Baal Schem Tov (vgl. auch Chay 2,39 und 3,66; Dubnow I, 65). In Lik I 20 beschreibt er die Bande des Zusammenhanges zwischen ihm und den früheren, für das Volk Gottes entscheidenden Trägern und Verkündern von Offenbarungen: „Dies ist auch der Unterschied zwischen dem, der nur aus dem Buche lernt und dem, der es aus dem Mund der Weisen selbst vernimmt. Die Seele dieses verbindet sich mit der des Weisen zur Stunde seines Gebetes, und so hat er Anteil an der Toraerläuterung des Weisen. Durch dieses Gebet mehrt sich die Heiligkeit droben. Jedes Gebet, das sich aus vielen Seelen erhebt, mehrt die Heiligkeit droben und erweckt das obere Herz (= Gott), sodass es die Wasser der Heiligkeit reich strömen lässt. ... Auch das Böse, das in den Menschen ist, die zur öffentlichen Auslegung versammelt sind, wird durch das Gute im auslegenden Weisen niedergeworfen. ... Wenn du vor der öffentlichen Auslegung betest, so tu es flehentlich und erbitte die Gabe vom Heiligen, gepriesen sei er, umsonst (chinnam) und mache es nicht von eigenem Verdienst abhängig" (vgl. Cunz, S. 250 f.).

Es gibt also zum Wohl des jüdischen Volkes eine Verbundenheit zwischen Rabbi Nachman, früheren Weisen und der stets gegenwärtigen himmlischen Welt. Diese Dreiecksverbindung ist möglich, weil Gott die Gaben zur Erneuerung des Volkes Gottes und der Welt „umsonst" – ohne Warten auf menschliche Verdienste – zur Verfügung stellt. Rabbi Nachman stellt die Verbindungen zwischen ihm, den geistigen Führergestalten der Tradition und den himmlischen Mächten oft unter das Stichwort „Wahrheit": „Der Rat des Zaddik ist wie ein voller Same der Wahrheit" (Lik I 7,3). Wahrheit ist das Licht Gottes und der Israeliten nach draußen. Glaube und Wahrheit sind ein leuchtendes Antlitz. Sie sind Freude und Leben. Sie sind das Tor zu der

Länge der Tage. Falschheit aber ist Tod und Götzendienst – ein „dunkles Antlitz" (Lik I 23, 1). „Die Zaddikim können in Wahrheit begreifen, was in den Gedanken (Gottes) der Zweck der kommenden Welt ist. Die Verkettung des göttlichen Zornes, wenn sie zu den Zaddikim kommt, bewirkt, dass die Zaddikim sich von ihren Stellungen der Autorität und Ehre zurückziehen. So ist die Welt ohne Führerschaft. Aber die Zaddikim wollen die Welt nicht im Stiche lassen. Wenn das Volk es lernt, den Zorn zurückzuhalten und abzuweisen, indem es Liebe statt Hass zeigt, dann wird der Zorn Gottes abnehmen. Dann sind die wahren Zaddikim wieder bereit, ihre Rolle der Führung und der Ehre zu übernehmen. Und die Welt wird sich für den wahren Lenker bereit zeigen. Er hat ja die Kraft, jede Person zu ihrer vollen Erfüllung zu bringen" (Lik I 18, 2).

Aus diesen Zitaten wird deutlich, dass das Sich-Befinden in der Wahrheit und die Beziehung zu den akzeptierten Vertretern der Wahrheit notwendig zur Identität der Mitglieder des Volkes Gottes gehört. In diesem Sinn heißt es in Lik II 24: „Wenn der Glaube des Volkes schwach ist, erhalten alle Formen falscher Lehren und Glaubensweisen Einfluss. Wenn aber der Glaube dieses Volkes an die Wahrheit gefestigt ist, verlieren diese Ideologien ihre Herrschaft und geraten in Misskredit. Sogar die Nationen, die weit weg von Gott waren, verurteilen ihre Falschheiten und kommen zum Glauben an die Wahrheit. Sie werden sich nicht bekehren. Obwohl sie aber auf ihrem Platz bleiben, anerkennen sie Gott und wissen, dass der Eine existiert, der der Erste war. Bisweilen aber konvertieren sie und werden zu Proselyten." – Rabbi Nachman hat also zwar die Reinigung Israels von Resten des Götzendienstes und von anderen Unreinheiten als erstes und wichtigstes Anliegen betrachtet. Er dachte aber auch an das biblisch verheißene Heil der Völker.

Der eventuelle Messias

Rabbi Nachman war zutiefst davon überzeugt, dass in ihm kernhaft ein messianischer Zaddik verwirklicht sei. Er war von der lurianischen Vorstellung geprägt, wonach Gott in jede Generation hinein einen Funken der Seele des Messias sendet, damit die Enderlösung kommen kann, wenn eine Generation dessen würdig ist. Wenn eine Generation aber dessen nicht würdig ist, sendet Gott diesen Funken, um wenigstens das Exil aufrecht zu erhalten (vgl. Liebes 1993, S. 186). Laut Rabbi Nachman existiert die jüdische Exilssituation „im wesentlichen nur wegen Mangels an Glauben. … Wir haben Glaubenslose (Epikuräer) unter uns. … Sie erklären alle Wunder auf natürliche Art. Erst wenn alle solchen Leute verschwunden sind, kommt der Messias, der Sohn Davids. Denn die Erlösung hängt vom Glauben ab. Wenn du in vollkommener Ehrlichkeit nach Wahrheit suchen willst, wirst du eventuell realisieren, dass du einen Glauben an Gott, in die wahren Zaddikim und in die heilige Tora haben musst" (Lik I 7,1). Rabbi Nachman verstand sich als wahrer Zaddik. Rabbi Nathan von Nemirov sagte über ihn: „Unser Meister war eine wunderbare Neuheit (chiddusch muflag meod). Einen solchen Chiddusch gab es auch in früheren Zeitaltern nicht" (Chay 140). Diese Aussage ist keine bloße Bewunderung für Rabbi Nachmans gescheite Bibel- und Traditionsdeutungen, sondern darüber hinaus ein anerkennender Hinweis, dass er „die eigentliche Überraschung bzw. das ‚Wunder' in der weitergehenden Offenbarungsgeschichte" ist (Cunz, S. 54). Indirekt sind diese Worte des Rabbi Nathan von Nemirov auch eine messianische Vermutung. Der Messias (und/oder sein Vorläufer) hat die Aufgabe, die Unklarheiten und die vergessenen Inhalte der Offenbarung deutlich zum Ausdruck zu bringen (vgl. Mal 3,23 f. u. ö.). Rabbi Nachman tat dies.

Rabbi Nachman hat sich in den Jahren seiner öffentlichen Tätigkeit, während seiner Israelreise und bei seinen Auseinandersetzungen damit beschäftigt, wie er das jüdische Volk erneuern könnte, wie die judenfeindlichen Attacken der russischen und anderer Weltvölker zu deuten sind und welche Voraussetzungen für die endgültige Erlösung aus Sünde und Verfolgung er mit-schaffen könnte. Als wichtige jüdische Voraussetzung zur Erlösung wertete er die Erneuerung des jüdischen Gebetslebens. Laut Chay 148 sagte er vor seiner Israelfahrt: „Mich braucht die ganze Welt. Das betrifft nicht euch (meine Jünger und Mitarbeiter) und euresgleichen. Ihr wisst ja schon selbst, dass ihr mich braucht! Vielmehr spreche ich sogar von jenen Zaddikim, die schon beten können. Ich kann ihnen zeigen, dass sie überhaupt nicht wissen, was Gebet ist, und ich kann ihnen einen Weg ins Gebet zeigen. Sogar den sehr großen Zaddikim, die bereits nur noch in yichudim (= Einigungsübungen mit Gott in mystischer Kontemplation) wandeln, kann ich zeigen, dass sie den Weg der yichudim überhaupt nicht kennen, und ich kann ihnen einen Weg zeigen." Rabbi Nachman sah sich als Erneuerer des Judentums, als messianischer Arbeiter für das vom Lob Gottes geprägte Reich Gottes und als Fortsetzer früherer messianischer Teil-Arbeiter.

Zum messianischen Endereignis gehört nach althergebrachter Überzeugung das endgültige Leben des Volkes Gottes im heiligen Land. Eine – nicht die einzige – Ursprungsfigur für das messianische Denken war König David, der vor allem in den Psalmen repräsentierte große Beter, der Inspirator des Tempelkultes und der Erbauer von „ganz Israel". Er wird neben Mose als der Ursprungsmessias gedeutet, der in späteren messianischen Gestalten weiterlebt. „Jeder Jude trägt in sich einen Funken des Messias. Wie weit dies durchschimmert, hängt von der Reinheit und Heiligkeit ab, die er erreicht" (Greenbaum 1984, S. 71). Der Messias wird damit zur Entscheidungsfigur für die Befreiung von Sünden. Er ist auch der Klärer aller Undeutlichkeiten und unvollkommenen Deutungen der Offenbarung Gottes.

Das Neujahrsfest, Rosch Haschana, war für Rabbi Nachman und seine Jünger das wichtigste Fest des Jahres. Laut Chay 403 sagte er: „Mein Neujahrsfest ist größer als alles. Es ist bei mir ein Wunder, da meine Gefolgsleute an diesem Fest mir wirklich glauben. … Meine ganze Sendung geschieht an Rosch Haschana. Er trug uns auf, dies öffentlich weiterzugeben: Jeder, der sich zu seinen Gefolgsleuten zähle oder der seine Worte beachte, solle am Neujahrsfest zu ihm kommen." Bei diesen Ratschlägen zur Sammlung der Anhänger um sich herum bezog sich Rabbi Nachman vor allem auf bRhSh 11a-b, wonach am jüdischen Neujahrsfest, im Monat Tischri, die Befreiung der Israeliten aus der ägyptischen Knechtschaft geschehen war und viele Begnadigungen israelitischer Männer und Frauen in biblischer Zeit erfolgt waren. Wie andere Kabbalisten dachte er, dass der Messias am Neujahrsfest kommen werde. An diesem Fest unterrichtete er seine engsten Freunde stets über das Kommen der göttlichen Verzeihung und Rettung. An Neujahr – dieses Fest galt auch als Datum der Schöpfung – werde der Tikkun ha beriya, die Erneuerung der Schöpfung, stattfinden. Dies bilde einen wichtigen Inhalt von Rosch Haschana. Er selbst wollte bei seinen Anhängern die Hoffnung und die Energie wecken, damit die messianische Potentialität der religiösen israelitischen Menschen zur Wirklichkeit werde.

Der einfache Mensch

Bei seinem Aufenthalt in Istanbul hat Rabbi Nachman – wie im biografischen Teil bereits ausgeführt – demonstrativ Einfachheit, ja Kindlichkeit an den Tag gelegt, um seine wahre Identität zu verschleiern und das erneute Aufflammen des unheilvollen messianischen Radikalismus' im Sinne des Schabbetai Zwi zu verhindern. In Lik II 78 kommt das Verhalten der Einfachheit des wahren Zaddik zur Sprache. Nachman beginnt seine Ausführungen über das Ideal des einfachen Menschen mit dem Satz: „Bisweilen ist der wahre Zaddik ein wirklich einfacher Mensch ('îsch paschût mamasch), ein ‚prostik' (russisch und polnisch: einfach). Er benimmt sich auf einfache Weise und offenbart keine Tora. Er befasst sich mit einfachen Gesprächen. Dann ist er im Leben ein wirklich einfacher Mensch. Wisse: Die Hauptsache des Lebens ist die Tora. Es heißt ja: ‚Denn sie ist dein Leben und die Länge deiner Tage' (Dtn 30,20). Und jeder, der sich von der Tora trennt, ist wie einer, der sich vom Leben trennt (Zohar I, Lek lekha 92a). ... Wie ist es möglich, sich von der Tora auch nur eine kurze Stunde zu trennen? Ist es denn möglich, die ganze Zeit, Tag und Nacht und ohne den kleinsten Unterbruch an der Tora zu haften? Jeder Tora-Wissende ... wird gezwungenermaßen für einige Zeit (die Beschäftigung mit der Tora und andern heiligen Büchern) vernachlässigen. Und auch der Meister im Erfassen, sogar wenn er sich zunehmend in immer höheren Sphären bewegt, wird doch gezwungenermaßen für einige Zeit unterbrechen und sein Erfassen vernachlässigen müssen. ... Es ist absolut unmöglich, ohne irgendwelche Unterbrechung an der Tora und am Begreifen höchster Dinge anzuhaften. Man ist notwendigerweise gezwungen, sie einige Stunden zu vernachlässigen. Und in der Stunde, in der man sich von der Tora löst, sei man nun ein Torabeflissener oder ein Meister im Erfassen höchster Dinge, da ist man ein wirklich einfacher Mensch, also ein prostik. ... Du sollst aber wissen: Der wahre Zaddik hält sich selbst in der Zeit am Leben, da er ein einfacher Mann ist, und zwar dann, wenn er unterwegs ins Land Israel ist. Und wisse: Alle sind die Einfachen, die ihre Lebenskraft von der Tora empfangen. ... In der Stunde, da der Zaddik ein einfacher Mensch ist, empfängt er aus dem Schatzhaus die ‚Gabe umsonst‘ (mattanat chinnam). Das geschieht wie in der Zeit vor dem Empfang der Tora, als die Welt allein durch die umsonstige Gnade (be-chesed chinnam levad) bestanden hat. Dies entspricht dem Vers ‚Denn seine Gnade währet ewig‘ (Ps 136). Dieser Vers spricht über die Welt vor der Verleihung der Tora. So heißt es in der Gemara (bPes 118a): Für 26 Generationen, das heißt für immer, ist seine Gnade. ... Damals bestand die Welt allein dank der Gnade, die umsonst ist. ... Die ganze Tora war damals verborgen und im Aufbau der Welt versteckt –

in der Welt, die durch die zehn Aussprüche Gottes erschaffen worden war!"

Der vom Toragehorsam durchdrungene Mensch ist eine ganz einfache, klare, von der Wahrheit durchdrungene Persönlichkeit. Er produziert keine Wissens-Show und ist auch kein verkrampfter Mensch. Er weiß stets, dass die Tora die Anwesenheit des hilfreichen Gottes symbolisiert. Gottes Anwesenheit in der Tora und durch die Tora ist der entscheidende Ausdruck der sich fortsetzenden Schöpfer- und Erlösungstätigkeit Gottes.

Einfachheit ist keine bloße Höflichkeitstugend, sondern darüber hinaus auch ein Schutzdamm gegen Niedergeschlagenheit, Verzweiflung und Abkehr von der Frömmigkeit. Im gleichen Abschnitt Lik II 78 heißt es: „Es ist verboten, zu verzweifeln. Auch wenn man ein einfacher Mensch ist und überhaupt nicht lernen kann, soll man sich trotzdem in den Zeiten der Einfachheit stärken durch Frömmigkeit und durch einfachen Dienst gemäß der jeweiligen Situation. Auch dadurch erhält man Lebenskraft von der Tora, und zwar vermittelt durch den großen einfachen Menschen, nämlich den großen Zaddik, der manchmal ein einfacher Mensch ist. Er erhält alle am Leben (oder: er belebt alle: mechayye et kullam). Auch wer auf der untersten Stufe steht oder wer in der untersten Unterwelt liegt, soll trotzdem nicht verzweifeln. Er soll das Wort erfüllen: ‚Aus dem Schoß der Unterwelt habe ich geschrien‘ (Jona 2, 3). Und er soll sich stärken, womit immer er kann. Denn auch er kann zurückkommen und umkehren und durch den Zaddik Lebenskraft von der Tora her erhalten. Aber die Hauptsache ist, dass man sich mit allem, was möglich ist, stärkt."

Rabbi Nachman sah offensichtlich in der Traurigkeit und in der sie begleitenden Resignation die das chasidische Leben zerstörende Hauptgefahr. Er selbst hatte gegen Verzweiflung zu kämpfen, und auch seine Schüler ermutigte er zu einer hoffnungsvollen Religiosität, zum Ausharren und zum Weiterarbeiten.

Was aber, wenn alles Ankämpfen gegen Traurigkeit, Resignation und Verzweiflung nichts fruchtet? Am Schluss von Lik 78 fügt Nathan von Nemirov die Kopie eines stichwortartig ausgeführten Manuskripts von Nachman an, das offenbar nach dessen Tod bei ihm gefunden wurde. Der Text beginnt so: „Und ich wandte mich zum Ewigen" (Dtn 3,23). Er deutete dieses Verswort als „und ich ließ mich umsonst in die Gnade hineingeleiten zum Ewigen hin". Nachman sah hier eine Bestätigung der rabbinischen Deutung von Dtn 3,23: „Zwei gute Fürsorger standen Israel zur Verfügung. Mose und David, der König von Israel. Bei beiden bestand die Möglichkeit, dass ihnen ihre Sünden verziehen würden, und zwar als Lohn für ihre guten Taten. Beide aber baten Gott, dass er ihnen ihre Sünden aus reiner Gnade, umsonst (chinnam) vergebe. Wenn Mose und David, denen ihre Sünden aufgrund ihrer guten Taten hätten vergeben werden können, Gott baten, er solle ihnen chinnam verzeihen, um wieviel mehr muss dann jemand, der nur einer von den Millionen ihrer Schüler ist, Gott bitten, dass er ihm aus reiner Gnade, umsonst, verzeiht" (SifDev 26, zu Dtn 3,23).

Nach der Zitierung von Dtn 3,23 fährt Rabbi Nachman stichwortartig fort: „Eine umsonstige Gabe (betrifft) Unzucht, angeschlagenes Denken, Moses, Sich-Fernhalten. … Schöpfung. Die Welt wird durch Gnade erbaut, die Schöpfung vor der Gesetzgebung. ‚Es ist Zeit zu handeln für den Ewigen, denn man hat deine Gesetze gebrochen' (Ps 119.126), d. h. das Ferngehaltenwerden von der Tora … ‚Die Kraft seines Waltens hat er seinem Volk kundgetan' (Ps 111,6)."

Rabbi Nachman bat Gott in schweren Stunden immer wieder um die Gabe des „Umsonst". Er war zuinnerst davon überzeugt, dass Gott die umsonstige Verzeihung seiner Sünden gewährt und ihn dadurch für die Wiederherstellung der Schöpfung und Israels wirken lasse. In Lik II 78 stellt Nachman in einem besonderen Abschnitt die Ideale des „Zaddiks der Wahrheit" auf. „Der Zaddik geht auf den Wegen der Einfachheit und gibt keine komplizierte Toraverkündigung. Er beschäftigt sich vielmehr in Gesprächen mit Kranken. Wisse aber, dass die Tora die Hauptsache des Lebens ist: ‚Denn sie ist dein Leben und die Länge deiner Tage' (Dtn 30,20). … Du sollst auch wissen, dass der Zaddik der Wahrheit dann im vollen Sinne lebt, wenn er ein einfacher Mensch ist. … Und alle einfachen Menschen brauchen einen einfachen großen Menschen bei sich, weil sie durch ihn Leben empfangen. ... Auch Gewalt bringt keine volle Hoffnungslosigkeit in die Welt."

Freude, Hoffnung und Toratreue sind also auch in schwersten Zeiten der Weg zur Gesundheit, zum effizienten Arbeiten und zur Wiederherstellung der beschädigten Schöpfung und der resignierten Menschen. Rabbi Nachman wollte sich mit diesen Aussagen in die Nachfolge Moses und Davids einordnen.

Der volle Tikkun

Laut Lik II 112 sagte Rabbi Nachman: „Wenn du glaubst, dass sie (die Menschen) Zerstörungen (in der Schöpfung) anrichten können, dann glaubst du auch, dass sie sie (die Schöpfung) wieder herstellen können (yekholin letaqqen)." Die Wurzel des hebräischen Wortes t-q-n bedeutet wiederherstellen, ordnen, heilen, verbessern. Das Substantiv „Tikkun" (Tiqqun) besagt dementsprechend Verbesserung, Regulierung, Wiederherstellung, Heilung. Verstärkend wird von Kabbalisten und Chasidim häufig der Ausdruck „Tikkun Hakelali" gebraucht. Mit ihm ist die umfassende, volle, vollkommene, vollständige Wiederherstellung, Heilung, Neuordnung der durch Sünde und Missgeschick zerrissenen und zerbrochenen Schöpfung gemeint. Zu diesen Zerrissenheiten gehören auch israelitische und allgemein menschliche Sündhaftigkeiten, religiöse Uneinigkeit und ähnliche Defekte.

Das besonders An- und Aufregende an der Tikkun-Vorstellung ist, dass die Mitglieder des Volkes Israel mit Gott mitarbeiten müssen und dürfen, damit der volle Tikkun am Ende der Tage eine umfassende und durchdringende Wirklichkeit werden kann. Die erste Hauptaufgabe Israels zur Erlangung des Tikkuns Hakelali besteht in der vollen Erfüllung sowie der wahrheitsgetreuen Realisierung und Verkündigung der Tora.

Rabbi Nachman war immer entsetzt über die inhaltlichen und rhetorischen Spielereien verschiedener chasidischer und mitnaggedischer Rabbis. Laut Lik I 29 hielt er am jüdischen Pfingstfest 1806 vor seinen Jüngern und Anhängern folgende Ansprache: „Nicht jedes Wort (über die Offenbarung) kann eine gültige Rede genannt werden. Eine Rede, die nicht gehört und nicht angenommen wird, ist nicht wert, eine Rede genannt zu werden. Es heißt: ‚Es gibt keinen Sprecher und es gibt keine Worte, wenn auf die Stimme der Redenden nicht gehört wird‘ (Ps 19, 4). Die Hauptsache, die angenommen werden muss, ist das Wort, und zwar um des Guten willen, das in ihm enthalten ist. Alle wollen das Gute. Wenn die Worte das Gute enthalten, wird auf die Redenden geachtet, und die Worte werden akzeptiert. … Wie aber legen wir Gutes in unsere Worte hinein? Indem wir sie aus dem heiligen Wissen nehmen, ist in ihnen das Gute. Wenn aber das Wort ohne dieses Wissen herauskommt, ist es nicht gut. Es heißt ja: ‚Die Seele ist ohne Erkenntnis nicht gut‘ (Prov 19, 2). Die Seele spricht sich durch das Wort aus. Dies lernen wir aus der Erzählung von der Erschaffung des Menschen: ‚Der Mensch wurde zu einer lebendigen Seele‘ (Gen 2, 7). Der Targum übersetzt dies so: ‚Der Mensch wurde ein sprechender Geist.‘ Dies lehrt uns, dass das Sprechen ein wesentliches Attribut des Menschen ist. Wie können wir unsere Erkenntnisse verstärken? Dadurch, dass wir auf die Zaddikim hören und über ihre Größe sprechen. So verstärken wir unsere Kenntnisse und können den vollen Tikkun für die Zerbrochenheiten in den Sprechweisen herbeiführen."

Rabbi Nachman arbeitete für den Tikkun durch werbendes und unterweisendes Reden über die Offenbarung. Abraham Greenbaum deutet dies so: „Die wichtigste Polarität in der Sprache liegt im Gegensatz zwischen Wahrheit und Falschheit. Die Wahrhaftigkeit der Sprache muss mit der Wahrheit der Schöpfung übereinstimmen. ... Solange die Sprache seine Wahrheit unterdrückt, enthält sie die Qualität der Falschheit" (Greenbaum, S. 19). Greenbaum bezieht sich dabei hauptsächlich auf Lik I 51, wonach Rabbi Nachman gesagt hat: „Es gibt nur eine Wahrheit, jedoch eine Vielzahl von Lügen. ... Diese eine Wahrheit ist die Wahrheit Gottes, die Wahrheit Seiner Existenz und die Wahrheit Seiner Tora." Nachman sah sich als Nachahmer des wirkenden und sich in der Tora offenbarenden Gottes, der selbst „ein Zaddik ist in allem, was Er tut" (Ps 145, 17). Laut Lik I 29, 6 drückte sich Rabbi Nachman so aus: „Immer wenn ein Tikkun kein vollkommener Tikkun ist, kommt die Schekhina schützend dazwischen. ... Jedes einzelne Wesen kann nur durch den vollkommenen Tikkun wieder in seiner ursprünglich von Gott bewirkten Vollkommenheit hergestellt werden. Der Weg zum vollkommenen Tikkun beginnt bei der Besserung und Vervollkommnung der Mentalität und des Geistes. So wird es möglich, aller eigenen Fehler und Schwächen ansichtig zu werden. Der volle Tikkun muss zuerst im eigenen Leben angestoßen werden, dann werden Details des Mangels von selbst nachgezogen werden. … Es mag sein, dass der volle Tikkun höher und überragender ist als der Tikkun des Individuums. In allen Fällen hängt der Tikkun (aber auch) vom Verstand und vom Geist (des Menschen) ab. Der Geist kann nur durch den vollkommenen Tikkun erhoben werden."

Der Tikkun der gesamten Schöpfung setzt also jenen der Individuen voraus. Nur wer zuerst den Tikkun an sich selbst vollzogen hat, kann etwas zum Tikkun der ganzen Schöpfung beitragen. Rabbi Nachman sah sich als Zaddik, der den Tikkun im göttlichen und israelitischen Auftrag an sich selbst zu vollziehen und weiter voranzubringen hatte. Von daher sind seine Aussprüche zu verstehen, wonach er für Israel und für die Welt eine unverzichtbare Person sei. Laut Chay 250–251 sagte er: „Meiner bedürfen alle in der ganzen Welt. … Aber auch alle Zaddikim brauchen mich, damit ich sie zur Quelle des Guten zurückführe. Und sogar die Völker der Welt brauchen mich." Mehrmals betonte Nachman, es sei Gottes Wille und Macht, dass die ganze Welt „zum Guten zurückgebracht werde". Aber selbstverständlich müssen auch alle Zaddikim zum Guten hingebracht und reformiert werden. Dies sei „kein Problem, denn das Volk Israel ist heilig. Ich kann aber alle Völker der Welt zu Gott zurückführen, und ich könnte sie auch zur Nähe der israelitischen Religion hinführen". Nachman sah sich also als eine

Rettergestalt, die durch seine ihm verliehene Kraft und seinen Gebetseifer die Mitmenschen in den Bereich Gottes zurückzuführen habe. Daher könne die Welt ohne ihn nicht bestehen (vgl. Greenbaum, 254–281). Auffallend ist sein Hinweis auf die nicht-israelitischen Völker. Es gibt bereits alttestamentliche und zwischentestamentliche Traditionen, wonach der Messias die Versöhnung Israels und der Völker der Welt zustande bringen werde (z.B. Jes 49,6–8; Psalmen Salomos 17–18). Nachmans Aussagen über die Gewinnung der Weltvölker für die Anbetung Gottes sind somit messianische Aussagen.

Rabbi Nachman stellte ein Pflichtgebet aus zehn Psalmen und zusätzlichen, von ihm und Rabbi Nathan von Nemirov verfassten Lobpreisungen, Glaubensaussagen und Bitten zusammen. Durch diese in ihrer Vollständigkeit als „Tikkun Hakelali" bezeichneten Gebete sollte den zur Traurigkeit und Verzweiflung führenden Kräften im Menschen entgegengewirkt werden. Sie sind bei den religiösen Nachkommen Rabbi Nachmans und auch bei anderen jüdischen Gruppen zum täglichen Pflichtgebet geworden, weil aus ihnen eine Kraft zur Heilung und Befreiung der Seelen – auch aus sexuellen Sünden – herausströmt. Rabbi Nachman nannte diese Gebete den „Tikkun Hakelali". Sie bewirken seiner Überzeugung nach die volle Vergebung der Sünden und Unreinheiten.

Besondere Beachtung verdienen die hauptsächlich von Rabbi Nathan als Teile des Tikkun Hakelali beigefügten Bekenntnisgebete. Vor dem Beten der Psalmen sagt der Beter: „Beim Sprechen dieser zehn Psalmen vereinige ich mich mit allen wahrhaftigen Zaddikim dieser Zeit und mit allen wahren Zaddikim, die gestorben sind – mit den Heiligen, die in der Erde sind. Speziell vereinige ich mich mit unserem heiligen Rabbi Nachman, der diesen Tikkun geoffenbart hat und der als Gerechter eine Grundlage der Welt ist."

Dann folgt u. a. ein yichud-Wunsch: „Ich bereite meinen Mund, um meinem Schöpfer zu danken, ihn zu loben und zu preisen, damit der Heilige, gelobt sei Er, und Seine Schekhina vereinigt werden in Ehrfurcht und Liebe durch den Verborgenen und Versteckten Einen, im Namen von ganz Israel."

Hier wird der größte und heiligste Tikkun ausgesprochen: die Vereinigung des Gottes in den höchsten Höhen mit seiner auf Erden mitten unter den Israeliten weilenden Ausprägung, der Schekhina.

In den längeren Gebeten nach den acht Psalmen kommt dann der Tikkun zwischen dem Beter und dem Zaddik erneut zur Sprache: „Siehe, ich binde mich selbst an alle wahren Zaddikim meiner Generation, welche die Grundlage der Welt bilden. Insbesondere binde ich mich an Rabbi Nachman. … Alle diese Zaddikim sind in deinem besonderen großen und heiligen Namen enthalten." Die Zaddikim sind die großen Vermittler zwischen Gott und den Menschen und damit auch die Mit-Wiederhersteller der Welt. Sie sind personifizierte Tikkunim.

Eine spirituelle Vereinigung mit ihnen gehört zur Religion der Kabbalisten und der Chasidim.

Am Schluss des langen Gebetes nach den Psalmen wird Gott gebeten, den Messias baldigst zu senden und so alle Sehnsüchte der Israeliten zu erfüllen: „Bringe uns unseren gerechten Messias, baue den heiligen und glorreichen Tempel und bringe uns mit Frohlocken zum Zion, nach Jerusalem zum Haus deiner heiligen Wohnstatt in ewiger Freude …"

Der endgültige und vollkommene Tikkun wird sich also am Ende der Zeiten besonders in Jerusalem zeigen. Rabbi Nachman wollte durch sein Beten und Wirken den vollen Tikkun und damit auch die „Fülle der Zeiten" herbeidrängen. Er sah sich lange Zeit als Messias.

Nathan von Nemirov erzählt in Chay 129, dass Rabbi Nachman ihm bei einer Reise den Eindruck vermittelt habe, „er wolle den Tikkun sogleich vollenden. Aber wegen der Sünden der Generation und wegen der schrecklichen Aufreizung seitens des Satans … war er nicht in der Lage, zu vollenden, was er in seinem Leben vollenden wollte. … Nach seiner Rückkehr aus Lemberg fand Rabbi Nachman einen Weg, um die Gewissheit zu vermitteln, dass sein Licht nie und nimmer ausgelöscht werde. Ich hörte von ihm, dass er folgende Worte sagte: ‚Mein Feuer wird brennen, bis der Messias kommt' – und zwar zuerst auf Jiddisch: ‚Mein Feierl wet schon tluein bis Maschiach wet koomen.'" In Chay 46 wird dieser Satz mit einer Mahnung an seine Jünger verbunden. Sie sollten sich auch gegenseitig das heilige innere Feuer vermitteln: „Jeder muss etwas tun, um seinen Gefährten zum inneren Leuchten zu bringen. Und der Erleuchtete muss dies einem weiteren Gefährten antun."

Laut Chay 257 sagte Rabbi Nachman (in Lipovec): Ich habe eine solche Stufe hin zum Heiligen, gelobt sei Er, erreicht, dass ich auf ihr den Messias herbeibringen könnte.

Dennoch zögerte er, sich selbst offen als Messias zu bezeichnen. Laut Chay 266 sagte er: „Alles, was der Messias Gutes für Israel tun wird, kann auch ich tun. Es gibt nur eine einzige Differenz." Hier bricht Rabbi Nachman seine Aussage ab. Nach einer anderen Version (ebenfalls in Chay 266) sagte er damals: „Aber ich kann (die messianische Aufgabe) noch nicht vollenden." Rabbi Nachman war sich also seiner Messianität oft nicht sicher.

V.

Abschließende Bemerkungen

In diesem Buch finden sich viele Zitate von und über Rabbi Nachman von Brazlaw. Sie drücken aber nicht alles aus, was über ihn zu sagen ist und was von ihm gelernt werden könnte. Nicht alle Anliegen und nicht alle Aspekte seines Selbstbewusstseins konnten angesprochen werden. Wichtig zur Ergänzung wären Nachmans außerordentlich geistreiche und situationsbezogene Bibelinterpretationen. Auch die intensivere Befassung mit seinen Chidduschim – das sind die prägnanten Hinweise auf zeitgemäße Anwendungen der göttlichen Botschaften an Israel und die Welt – wäre wünschenswert. Dasselbe gilt für Nachmans Tikkunim und für seine Aussagen im Zusammenhang mit dem zu erwartenden und notwendigen Zusammenströmen des jüdischen Volkes im Land Israel. Mit seinen Deutungen des Landes Israel als Land der Zukunft des Volkes Gottes und als Ort der Inspiration für die Zaddikim hat Rabbi Nachman ohne allen Zweifel auch zionistische Ideale gefördert. Er selbst hat sich zwar nie als Zionist bezeichnet, aber er hat die religiösen, halakhischen und zionistischen Eigenschaften des Volkes des Bundes sprachlich zum Leuchten gebracht.

Im Buch Advice (Likutey Etzot) werden die biblischen und geistig-religiös-pastoralen Hauptthemen des Rabbi Nachman aufgezählt und belegt: Wahrheit und Glaube, Nächstenliebe und Gastfreundschaft, Bund, Bescheidenheit, Krisenbewältigung, Beichte, Torainterpretation, Heirat, Gebet und

Frömmigkeit, Geduld, Erinnerung, Fasten, Reue, Erlösung usw. Die in dem von mir verfassten Buch sich findenden Unvollständigkeiten können mit Hilfe des Advice-Buches weithin aufgearbeitet werden. Es kann nicht ausgeschlossen werden, dass Rabbi Nachman bei seinen Glaubensdarlegungen sich auch von christlichen Traditionen und Ideen inspirieren ließ. Das christlich-sakramentale und das christlich-hierarchische Denken waren ihm bekannt. Er wird auch das Neue Testament unter der Hand gelesen haben, denn einige seiner messianischen Besonderheiten lassen neutestamentlichen Einfluss zumindest vermuten. Dazu gehören Nachmans Deutungen des Ideals der Kindlichkeit, des Gehorsams der Autoritätsperson gegenüber, verschiedene Leidensdeutungen und das Erzählen von Gleichnissen. Gewiss gibt es das alles auch im talmudischen und im kabbalistischen Judentum. Die Akzentsetzungen des Rabbi Nachman bei diesen Themen wirken aber in der jüdischen Tradition ziemlich außenseiterisch. Im Ganzen ist Rabbi Nachman von Brazlaw eine überragende Figur im Ringen um die endzeitliche Vollendung der Schöpfung und im Erklären der Botschaft der biblisch-jüdischen Offenbarung.

VI.

Literaturverzeichnis

Primäre Quellen

Werke, die insbesondere von Rabbi Nathan von Nemirov aufgeschrieben und teilweise von Rabbi Nachman von Brazlaw durchgesehen worden sind. Sowohl die (neu edierten) Fassungen im Urtext als auch verlässliche Übersetzungen ins Englische und ins Deutsche werden hier aufgeführt. – Der Ausdruck „zikhrônô li-berakha" (sein Andenken, das Gedenken, die Erinnerung an ihn, sei gesegnet), der sich bei der Nennung verehrter Persönlichkeiten im Schrifttum über Rabbi Nachman sehr häufig findet, wurde in den Zitaten aus den Primärschriften oft ausgelassen.

Michael Brocke, Die Erzählungen des Rabbi Nachman von Bratzlaw, Aus dem Jiddischen und Hebräischen übersetzt und kommentiert, München 1985 (zit.: Brocke).

Chayye MoHaRa"N (Das Leben unseres Lehrers Rabbi Nachman), ed. Nachman Burstein und das Breslov Research Institute (vokalisierte Edition), Jerusalem/New York 1982 (zit.: Chay). Dieses „biographische Album" über das Leben Rabbi Nachmans hat Rabbi Nathan von Nemirov in den 20er Jahren des

19. Jahrhunderts verfasst; im Druck erschien es aber erst 1874.

Martin Cunz, Die Fahrt des Rabbi Nachman von Brazlaw ins Land Israel (1798–1799), Texts and Studies in Medieval and Early Modern Judaism 11, Tübingen 1997. (zit.: Cunz).

Joseph Gikatilla, Shaare Orah, ed. Joseph Ben Shlomo, 2 Bde Jerusalem (Nachdr.) 1967.

Nahum N. Glatzer, Language of Faith, A Selection from the most expressive Jewish Prayer, New York 1947.

Abraham Greenbaum, Garden of the Souls, Rebbe Nachman on Suffering, Breslov Research Institute, Jerusalem (o.J.).

Likutey Moharan I und II (Gesammelte Lehrvorträge unseres Lehrers Rabbi Nachman; zusammengestellt von Rabbi Nathan von Nemirov). Hg. von den Bratzlaver Chasidim, Jerusalem 1974 (zit.: Lik). Vieles in den zweiteiligen Liqqutim (Lik I) wurde noch zu Lebzeiten Rabbi Nachmans veröffentlicht, Lik II ein Jahr nach seinem Tod. Der zwanzigste Abdruck bzw. Nachdruck dieser „gesammelten Lehrvorträge des Rabbi Nachman" wurde von Ed. Meschekh Hannachal in Jerusalem (o.J.) herausgegeben. In dieser „Handausgabe" sind die Teile I und II enthalten. Die meisten früheren Drucke waren von Naftali Hirz in Lemberg besorgt worden.

Likkutey Tefillot, Gesammelte Gebete, ed. Meschekh Hanachal, Jerusalem 1989.

Rabbi Nachman, Advice. Likutey Etzot des Rabbi Nathan of Breslov. Translated by Abraham Greenbaum, Jerusalem. The Breslov Research Institute, Jerusalem 1983 (zit. Greenbaum).

Schir Yedidot, ed. Yechiel Mendel, Jerusalem 1981 (auch in Schivche HaraN enthalten).

Schivche HaRaN (Das Lob des Rabbi Nachman), ed. Nachman Burstein, Jerusalem 1981 (zit.: Schivche). Dieses Werk besteht aus zwei Hauptteilen: Schivche I erzählt insbesondere die Israelreise Rabbi Nachmans, Schivche II enthält u.a. Reminiszenzen aus der Zeit ab 1802.

Sefer Hassidim, Le guide des hassidim, übersetzt von Rabbin Eduard Gourévitch, Paris 1988.

Sefer Yezirah, Das Buch der Schöpfung, ed. Lazarus Goldschmidt, Frankfurt a. M. 1894.

Sipure Ma'asiyot, „Geschichten", ed. Meschekh Hannachal, Jerusalem 1980.

Rabbi Nachman's Tikkun, The Comprehensive Remedy, Tikkun Hakelali, Shemot Hatzaddikim, ed. Abraham Greenbaum, The Breslov Research Institute, Jerusalem/New York 1984.

Sekundärliteratur, Interpretationen

Die deutende Literatur über Rabbi Nachman und den Chasidismus ist sehr zahlreich. Hier folgen nur einige Beispiele:

David R. Blumenthal, Understanding Jewish Mysticism, A Source Reader, Vol. II, New York (Ktav) 1982.

Martin Buber, Der Weg des Menschen nach der chassidischen Lehre, Heidelberg, 7. Aufl. 1977.

Joseph Dan / Frank Talmage (ed.), Studies in Jewish Mysticism, Cambridge 1982.

Bernhard Dolna, An die Gegenwart Gottes preisgegeben: Abraham Joshua Heschel: Leben und Werk, Mainz 2001.

Simon Dubnow, Geschichte des Chassidismus, 2 Bde., Königstein 1982, Nachdr. von 1931 (zit.: Dubnow I, Dubnow II).

Yoav Elstein, In the Footsteps of a lost princess, Pa'ame Bat Melech, A Structural Analysis of the first Tale by Rabbi Nachman of Bratzlav, Ramat Gan 1984.

Arthur Green, Tormented Master. A Life of Rabbi Nachman of Bratslav, New York 1981 (zit.: Green).

Karl Erich Grözinger, Die Chasidischen Erzählungen, Ihre Formen und Traditionen FJB, Heft 9, Frankfurt 1981, 91–114.

Ders., Chasidismus, osteuropäischer, TRE 17 (1988), 377–386.

S. A. Horodezky, Rabbi Nachman von Brazlaw, Beitrag zur jüd. Mystik, Berlin 1910.

Kurt Hruby, Isaak Luria (1534–1572), TRE 16 (1987), 304–310.

Ders., La Cabbale et la tradition Judaïque, Celt (o.J.).

Moshe Idel, Messianic Mystics, Yale University Press, New Haven 1998.

Louis Jacobs, Safed Spirituality, Rules of Mystical Piety, The Beginning of Wisdom, New York 1984.

Aryeh Kaplan, Until the Mashiach, Rabbi Nachman's Biography, An Annotated Chronology, New York / Jerusalem (Breslov Research Institute) 1985.

Jehuda Liebes, Studies in Jewish Myth and Jewish Messianism, New York 1993 (zit.: Liebes).

Naftali Loewenthal, Habad Messianism: A Combination of Opposites, in: Ulf Haxen, Jewish Studies in a New Europe, Copenhagen 1998, 498–511.

Johann Maier, Jakob Frank / Frankistische Bewegung, TRE 11 (1983), 324–330.

Ders., Die Kabbala. Einführung, Klassische Texte, Erläuterungen, München 1995.

Salomon Maimons Lebensgeschichte, hg. Von Jakob Fromer, München 1911.

Yacov Newman / Gavriel Sivan, Judaism A-Z, Lexikon of Terms and Concepts, Jerusalem 1980.

Rivka Schatz-Uffenheimer, Die Lehre des MaHaRaL zwischen Existenz und Eschatologie, FrRu 25/26 (1983/84), 227–237.

Gerschom Scholem, Die jüdische Mystik in ihren Hauptströmungen, Frankfurt 1967.

Ders., The Messianic Idea in Judaism and other Essays on Jewish Spirituality.

Ders., Judaica 5, Erlösung durch Sünde, Frankfurt/Main 1992.

Ders., Sabbatai Zevi. The Mystical Messiah, 1626–1676. Translated by Gershom Scholem, Princeton University 1975.

Clemens Thoma, Das Messiasprojekt, Theologie jüdisch-christlicher Begegnung, Augsburg 1994.

Gerhard Wehr, Der Chassidismus, Mysterium und spirituelle Lebenspraxis, Freiburg i. Br. 1978.

Kurt Wilhelm, Jüdischer Glaube, Eine Auswahl aus zwei Jahrtausenden, Bremen 1961.

Meister der Spiritualität

Die großen Meister der Spiritualität geben Antworten auf die wichtigsten Fragen des Lebens.

Anselm Grün
Benedikt von Nursia
Meister der Spiritualität
Band 5106
Noch heute faszinieren die Lebensregeln des Benedikt von Nursia, der durch die Gründung seines Ordens auf dem Monte Cassino die Kultur Europas entscheidend prägte.

Stefan Kiechle
Ignatius von Loyola
Meister der Spiritualität
Band 5068
Ein Leben, dessen spirituelle Kraft noch heute viele Menschen motiviert und sie zu Innehalten und Veränderung führt.

Martin Maier
Oscar Romero
Meister der Spiritualität
Band 5072
Oscar Romero verkörpert die Einheit von Mystik und Politik. Sein Eintreten für die Armen, sein Engagement für Gerechtigkeit und Menschenwürde ging bis zum Einsatz seines eigenen Lebens.

Anand Nayak
Mahatma Gandhi
Meister der Spiritualität
Band 5105
Ein faszinierender Mensch, der es anderen ermöglichte, auf spirituellen Wegen aufrecht zu Würde und Freiheit zu finden.

HERDER spektrum

Gregor Paul
Konfuzius
Meister der Spiritualität
Band 5069
Moralische Integrität, Menschlichkeit, glückliches und sinnvolles
Leben: Eine Einführung in sein Leben und seine Antworten auf Fragen,
die uns heute beschäftigen.

Annemarie Schimmel
Rumi
Meister der Spiritualität
Band 5093
Die wohl bedeutenste Rumi-Forscherin bietet eine hinreißende
Einführung in sein Leben, seine geistig-kulturellen Hintergründe, seine
poetische Mystik und seine spirituelle Welt.

Günter Wohlfahrt
Zhuangzi
Meister der Spiritualität
Band 5097
Der bedeutendste daoisitische Denker: Sein Werk ist Weltliteratur und
hat die großen Geister des Westens immer wieder neu fasziniert.

Jörg Zink
Jesus
Meister der Spiritualität
Band 5065
Sein Leben, sein Sterben und der Glaube an sein Weiterleben haben
Weltgeschichte gemacht und das Leben vieler Menschen radikal
verändert.

Nasr Hamid Abu Zaid
Ibn Arabi
Meister der Spiritualität
Band 5149
Abu Zaid zeigt die Aktualität dieses großen andalusischen Sufi. Seine
Deutung des Korans fördert den interreligiösen Dialog.

HERDER spektrum

Jüdisches Leben – gestern und heute

Johann Maier
Judentum von A bis Z
Glauben, Geschichte, Kultur
Band 5169
Alles Wissenswerte über Geschichte, Vorstellungen und die
unterschiedlichen Erscheinungsformen der jüdischen Religion heute.

Dan Cohn-Sherbok
Judentum
Band 4825
Die Geschichte des jüdischen Volkes von der frühen Vertreibung bis zur
Schaffung des Staates Israel im 20. Jahrhundert.

Jakob J. Petuchowski/Clemens Thoma
Lexikon der jüdisch-christlichen Begegnung
Hintergründe – Klärungen – Perspektiven
Band 4581
Erstmals in der Geschichte der beiden Religionen ein umfassend
informierendes Gemeinschaftswerk zu zentralen Sachverhalten.

Jakob J. Petuchowski
Mein Judesein
Wege und Erfahrungen eines deutschen Rabbiners
Band 4092
Die Einführung in die geistige Welt des modernen Judentums. Ein
notwendiges Buch: für Juden, Christen und für Deutsche. „Ein
Vermächtnis" (FAZ).

Hans-Christian Kirsch
Martin Buber
Biografie eines deutschen Juden
Band 4812
Martin Buber, Grenzgänger zwischen Welten und Religionen,
inspirierend als Philosoph und Pädagoge. Ein produktives Leben aus
erster Hand erzählt.

HERDER spektrum

Christian Feldmann
Elie Wiesel – Ein Leben gegen die Gleichgültigkeit
Band 4705
Die spannende Reportage über einen Propheten und Zeugen unseres
Jahrhunderts.

Elie Wiesel
Adam oder das Geheimnis des Anfangs
Legenden und Porträts
Band 4249
In funkensprühenden Charakterstudien verleiht Nobelpreisträger Elie
Wiesel den großen Gestalten der Bibel ein überraschendes, markantes
Profil.

Elie Wiesel
Chassidismus – ein Fest für das Leben
Legenden und Portraits
Band 4768
Schlüsselgeschichten menschlicher Existenz – der Friedensnobelpreis-
träger entführt in die Welt des Chassidismus.

Elie Wiesel
Noah oder die Verwandlung der Angst
Biblische Porträts
Band 4878
Tiefgründige und aktuelle Deutungen eines großen Gelehrten –
spannende Geschichten über unser eigenes Leben.

Lotte Paepcke
Ein kleiner Händler, der mein Vater war
Eine deutsch-jüdische Geschichte
Mit einem Nachwort von Christoph Meckel
Band 5262
Der Besitzer eines kleinen Freiburger Ledergeschäfts entgeht nur knapp
dem KZ und flieht nach New York. Er kehrt zurück – ohne je wieder zu
Hause anzukommen.

HERDER spektrum

Dialog der Religionen

Francis Kardinal Arinze
Religionen gegen die Gewalt
Eine Allianz für den Frieden
Band 5267
Die Religionen sind eine besondere Kraft, die es in unseren
Gesellschaften zu bündeln und einzubringen gilt.

Peter Heine
Kulturknigge für Nichtmuslime
Ein Ratgeber für den Alltag
Überarbeitete Neuausgabe
Band 5144
Informationen über Kultur- und Wertvorstellungen.

Emma Brunner-Traut
Die fünf großen Weltreligionen
Islam, Judentum, Buddhismus, Hinduismus, Christentum
Band 5087
Eine präzise und umfassende Einführung in die fünf großen
Weltreligionen.

Lexikon der Religionen
Phänomene – Geschichte – Ideen
Hg. von Hans Waldenfels
Begründet von Franz König
Band 4090
„In Fachkompetenz, Klarheit und Aktualität einzigartig"
(Süddeutscher Rundfunk).

Emma Brunner-Traut (Hg.)
Die Stifter der großen Weltreligionen
Echnaton, Zarathustra, Mose, Jesus, Mani, Muhammad,
Buddha, Konfuzius, Lao-tze
Band 4669
Ausgewiesene Kenner spüren in diesem Buch neun Stifterpersönlichkeiten
nach. Solide Informationen in einem neu bearbeiteten Standardwerk.

HERDER spektrum